Top-Prüfung

Automobilkauffrau/-mann

350 Testaufgaben zur Prüfungsvorbereitung für alle 3 Prüfungsfächer inkl. Lösungen

Vertriebs- und Serviceleistungen - 180 Fragen
Finanzdienstleistungen - 70 Fragen
Wirtschafts- und Sozialkunde - 100 Fragen

Top-Prüfung.de
Claus G. Ehlert

Vorwort

Dieses Buch dient zur Vorbereitung auf die Abschlussprüfung als Automobilkauffrau /-mann. Die Fragen sind - wie bei der schriftlichen Prüfung - in programmierter und in offener Form gestellt.

Sie können sich mit diesem Buch gezielt und effektiv auf mögliche Fragen vorbereiten und Schwachstellen in Ihrem Wissen aufdecken.

Die Testaufgaben sind in praktischen Blöcken zu 10 - 15 Fragen aufgeteilt. Sie können immer einen Aufgabenblock bearbeiten und dann mit den Lösungen vergleichen.

Die Fragen orientieren sich an dem Stoffkatalog der Aufgabenstelle für kaufmännische Abschlussprüfungen der IHK. Somit wird gewährleistet, dass es sich um prüfungsrelevante Fragen handelt.

Am Ende des Buches finden Sie einen Vordruck zum Eintragen der Lösungen für die programmierten Aufgaben (z. B. WiSo Aufgaben). Den Vordruck können Sie sich auch unter www.top-pruefung.de/vordruck-1.pdf downloaden.

Viel Erfolg bei Ihrer Prüfungsvorbereitung!

Autor: Claus G. Ehlert, Rettiner Weg 66, 23730 Neustadt
www.Top-Pruefung.de, E-mail: info@top-pruefung.de

2. Auflage: April 2022
ISBN: 978-3-943665-26-0

Inhaltsangabe

I. Vertriebs- und Serviceleistungen

II. Finanzdienstleistungen

III. Wirtschafts- und Sozialkunde (WiSo)

Vertriebs- und Serviceleistungen

A. Betriebsorganisation

Situation zu den Fragen 1 - 3
Der neue Auszubildende zum Automobilkaufmann Marvin Müller hat Fragen zu der Organisation in Ihrem Betrieb.

Frage 1: Herr Kümmel hat in der Rechtsabteilung eine Stabsstelle.
Was bedeutet der Begriff „Stabsstelle"?

Frage 2: Was ist das wesentliche Merkmal vom „Einliniensystem" in der Organisation?

Frage 3: Marvin möchte den Begriff „Ablauforganisation" erklärt haben.

Frage 4: Was ist unter Lean Management zu verstehen?

Frage 5: Nennen Sie 3 Vorteile und 3 Nachteile einer Stellenbeschreibung.

Frage 6: Beschreiben Sie folgende kooperative Führungsstile:

Management by Delegation	Management by Objectives	Management by Exception

Frage 7: Was ist ein Organisationsplan (Organigramm)? 1 richtige Antwort

a) Der Organisationsplan beschreibt die Aufgaben eines bestimmten Mitarbeiters.
b) Der Organisationsplan zeigt die Struktur des Unternehmens im Ganzen.
c) Der Organisationsplan legt die Buchung von Zahlungseingängen fest.
d) Der Organisationsplan zeigt die Fluchtwege bei Gefahren auf.

Frage 8: Welche Aussagen zu Arbeitsgruppen sind richtig? 2 richtige Antworten

a) Die Gruppenarbeit fördert die Ausbildung von Teamfähigkeit (Schlüsselqualifikation).
b) Der Mitarbeiter mit dem besten Fachwissen sollte Gruppensprecher sein.
c) Durch Ausübung von Druck auf die Gruppe lässt die Leistung in der Regel nach.
d) Durch Ausübung von Druck auf die Gruppe lässt sich die Leistung steigern.

Situation zu den Fragen 9 - 10
Das Autohaus Schramme möchte mit 4 weiteren Autohäusern für eine „Frühlings-Autoshow" auf dem Marktplatz werben. Die Werbekosten belaufen sich auf 4900,00 € und sollen nach der Anzahl der Mitarbeiter verteilt werden. Alle Autohäuser haben zusammen 240 Mitarbeiter. Auf das Autohaus Schramme entfallen 60 Mitarbeiter.

Frage 9: Wie wird diese Werbeform genannt? 1 richtige Antwort

a) Fremdwerbung b) Innenwerbung c) Sammelring d) Sammelwerbung

Frage 10: Welchen Betrag hat das Autohaus Schramme zu bezahlen?

Lösungen zu Fragenblock A

Frage 1: Eine Stabsstelle ist eine nicht weisungsbefugte Stelle, die meist von Experten besetzt wird. Sie bereiten Entscheidungen vor, die dann von Führungskräften getroffen werden.

Frage 2: Beim „Einliniensystem“ gibt es für jede Stelle nur eine übergeordnete Stelle, die Weisungen erteilen darf.

Frage 3: In der Ablauforganisation werden einzelne Arbeitsabläufe geregelt.
Beispiele: Wie werden Reklamationen behandelt? Wie wird Ware aus dem Lager angefordert?

Frage 4: Lean-Management (Deutsch: Schlankes Management) umfasst alle Methoden, Denkweisen und Werkzeuge, die Unternehmen zur Verfügung stehen, um ihre Prozesse zu verbessern.

Frage 5:

Vorteile:	Nachteile:
- Arbeitsgebiet wird klar dargestellt. - Kompetenzen werden geregelt. - Präzise Stellenausschreibung möglich - Klare Weisungsbefugnisse	- Einengung des Arbeitsgebietes - Überorganisation möglich - Regelmäßige Überarbeitung nötig - Zeitaufwand für Erstellung

Frage 6:

- Management by Delegation: Delegierbare Aufgaben werden von einem Vorgesetzten an einen Mitarbeiter übertragen.
- Management by Objectives: Führen durch die genaue Vorgabe eines Zieles. Diese Ziele sollen durch eigenes Handeln der Mitarbeiter erreicht werden.
- Management by Exception: Der Vorgesetzte entscheidet nur in Ausnahmefällen und wird somit von Routineaufgaben entlastet.

Frage 7: b

Frage 8: a, c

Frage 9: d

Frage 10: 240 Mitarbeiter = 4900,00 €
60 Mitarbeiter = X

$$X = \frac{4900{,}00\ € \times 60\ \text{Mitarbeiter}}{240\ \text{Mitarbeiter}} \qquad X = \mathbf{1225{,}00\ €}$$

B. Sicherheit, Gesundheitsschutz und Umweltschutz

Frage 1: Nennen Sie Maßnahmen zur Förderung der Gesundheit.

Frage 2: Welche Bedeutung haben folgende Zeichen? Unterscheiden Sie zudem in Verbotszeichen, Warnzeichen, Gebotszeichen, Rettungszeichen und Brandschutzzeichen.

Situation zu den Fragen 3 - 4
Auf der Zufahrt vor der Werkstatt ist eine Person beim Rangieren angefahren worden.

Frage 3: Sie sind als Erster am Unfallort. Wie haben Sie sich zu verhalten?

Frage 4: Sie bitten eine Kollegin einen Rettungswagen zu rufen. Worauf ist bei dem Anruf zu achten?

Frage 5: Welche Anforderungen sind an Fluchtwege zu stellen? 2 richtige Antworten

a) Sie müssen verschlossen sein.
b) Sie müssen stets frei sein (nicht verstellt).
c) Sie dürfen keine Steigung aufweisen.
d) Sie dürfen nicht verschlossen sein.

Frage 6: Bund und Länder können Arbeitsschutzvorschriften erlassen. Wer ist für die Überwachung zuständig? 1 richtige Antwort

a) TÜV
b) Gewerbeaufsichtsamt
c) Rentenversicherung
d) Handwerkskammer / Industrie- und Handelskammer

Frage 7: In welchem Abstand ist die brandschutztechnische und sicherheitstechnische Funktionsfähigkeit von Feuerlöschern zu überprüfen? 1 richtige Antwort

a) Alle 2 Jahre
b) Alle 3 Jahre
c) Alle 4 Jahre
d) Jedes Jahr

Frage 8: Wie verhalten Sie sich im Brandfall?

Frage 9: Welche Aussagen zum Sicherheitsbeauftragten sind richtig? 2 richtige Antworten

a) Sicherheitsbeauftragte weisen Vorgesetzte auf Arbeitsgefahren hin.
b) Der Sicherheitsbeauftragte ist bei Verstößen gegen die Unfallverhütung zivilrechtlich verantwortlich.
c) Bei der Bestellung des Sicherheitsbeauftragten ist der Betriebsrat zu beteiligen.
d) Nur technische Mitarbeiter eines Unternehmens können Sicherheitsbeauftragte werden.

Frage 10: Nennen Sie 4 Aufgaben der Berufsgenossenschaft.

Frage 11: Sie werden in der Verwaltung eingesetzt. Nennen Sie 5 Maßnahmen, wie Umweltschutz in der Verwaltungsabteilung umgesetzt werden kann.

Frage 12: Welche Aussagen zur Rücknahme von Verpackungen stimmen? 2 richtige Antworten

a) Verkaufsverpackungen sind immer über das Duale System Deutschland (DSD) zu entsorgen.
b) Hersteller und Vertreiber müssen Transportverpackungen zurücknehmen.
c) Umverpackungen sind vor der Abgabe an den Endverbraucher zu entfernen oder dem Endverbraucher muss auf dem Verkaufsgelände die Möglichkeit zur Entsorgung bereitgestellt werden.
d) Umverpackungen brauchen nicht der Wiederverwertung zugeführt werden.

Frage 13: Welchen Zweck hat das Kreislaufwirtschaftsgesetz im Allgemeinen?

Frage 14: Was ist unter „Immission“ nach dem Bundes-Immissionsschutzgesetz zu verstehen?

Frage 15: Wie ist die Verwertung von alten Fahrzeugen in Deutschland geregelt? Beschreiben Sie kurz die Verwertung alter Fahrzeuge.

Lösungen zu Fragenblock B

Frage 1:

Aufklärung:	Sensibilisierung für das Thema Gesundheit
Bewegung:	Arbeitsplatz gesundheitsgerecht gestalten, Joggen, Schwimmen, Kursangebote nutzen, z. B. Gymnastik, ...
Ernährung:	Gesunde Ernährung in der Kantine und zu Hause, Ernährungsberatung, ...
Stress-regulierung:	Stressreduktion am Arbeitsplatz und in der Freizeit, Kursangebote nutzen, z. B. autogenes Training, Yoga, ...
Suchtprävention:	Gutes und vertrauensvolles Betriebsklima, Information und Aufklärung, Angebote zur Konsumreduzierung, ...

Frage 2:

a) Keine offene Flamme; Feuer, offene Zündquelle und Rauchen verboten (Verbotszeichen).
b) Warnung vor einer Gefahrenstelle (Warnzeichen).
c) Rettungsweg / Notausgang links (Rettungszeichen)
d) Schutzhandschuhe tragen (Gebotszeichen).
e) Feuerlöscher (Brandschutzzeichen)
f) Erste Hilfe (Rettungszeichen)
g) Warnung vor feuergefährlichen Stoffen (Warnzeichen)
h) Warnung vor ätzenden Stoffen (Warnzeichen)

Frage 3:

✓ Ruhig bleiben.
✓ Unfallstelle absichern, damit keine weiteren Personen gefährdet werden.
✓ Evtl. Personen aus dem Gefahrenbereich bergen.
✓ Maßnahmen zur Lebensrettung ergreifen (z. B. Mund-zu-Nase-Beatmung, Druckverband zur Blutstillung).
✓ Hilfe holen / Notruf absetzen.
✓ Verletzte /-n bis zum Eintreffen vom Rettungsdienst / Arzt weiter betreuen.

Frage 4: Sie sollen möglichst kurz und sachlich über den Unfall informieren.
Dabei helfen die „5-W-Fragen“:

Wo ist es passiert?	Was ist passiert?	Wie viele Verletzte / Betroffene?
Welche Art von Verletzung?	Warten auf Rückfragen!	

Frage 5: b, d

Frage 6: b

Frage 7: a

Frage 8:
✓ Ruhe bewahren.
✓ Alarm auslösen.
✓ Türen des Raumes, in dem es brennt, schließen.
✓ Kleinen Brandherd selbst bekämpfen.
✓ Vorgeschriebene Fluchtwege benutzen.
✓ Gebäude durch Ausgänge und Notausgänge verlassen.
✓ Außerhalb des Gebäudes an sicherer Stelle sammeln und prüfen, ob jemand fehlt.

Frage 9: a, c

Frage 10:
- Träger der gesetzlichen Unfallversicherung und Erbringung von Leistungen
- Erlass von Unfallverhütungsvorschriften
- Überwachung der Durchführung von Maßnahmen zur Verhütung von Arbeitsunfällen
- Beratung der Unternehmen und Beschäftigten (§ 17 Abs. 1 SGB VII)

Frage 11:
- Abfälle trennen (Papier, Kunststoff, Glas, …).
- Ökonomischer Einsatz aller Materialien.
- Moderne Beleuchtungsanlagen einsetzen (Energiesparlampen).
- Ökologischer Einsatz von Reinigungsmitteln.
- Effizientes Lüften (Stoßlüften).
- Bei Neuanschaffung von Bürogeräten auf die Energieeffizienz achten.

Frage 12: b, c

Frage 13: Nach § 1 des KrWG ist der Zweck die Förderung der Kreislaufwirtschaft zur Schonung der natürlichen Ressourcen und die Sicherung der umweltverträglichen Bewirtschaftung von Abfällen.

Frage 14: Immissionen sind schädlichen Umwelteinwirkungen durch Luftverunreinigungen (Staub, Gase), Geräusche (Lärm), Erschütterungen, Licht, Hitze, Strahlen und ähnliche Vorgänge.

Frage 15: Den rechtlichen Rahmen setzt auf EU-Ebene die Altfahrzeugrichtlinie 2000/53/EG. Sie wurde in Deutschland durch die **Altfahrzeugverordnung** umgesetzt.

Die Verwertung der Altfahrzeuge erfolgt in Deutschland meist zweistufig. Zuerst legen Fachkräfte das Fahrzeug in einem der rund 1300 zertifizierten Demontagebetriebe trocken. Das heißt, sie entfernen die Betriebsflüssigkeiten wie Motoröl und Kältemittel, demontieren schadstoffhaltige Bauteile wie die Starterbatterie, Ersatzteile und Wertstoffe wie Reifen und Katalysator. Die Restkarossen werden anschließend maschinell geschreddert.

C. Arbeitsorganisation, Information und Kommunikation

Frage 1: Die Norm DIN 5008 legt Schreib- und Gestaltungsregeln für Geschäftsbriefe fest. Welches sind die entsprechenden Regeln des Normbriefes für folgende Inhalte?

Größe in mm des Anschriftenfeldes	Betreff	Anrede	Datum (z. B. 26. Mai 20..)
Schrift Textbereich	Seitenränder	IBAN	Telefonnummer

Frage 2: Nennen Sie 4 Protokollarten mit ihren wesentlichen Merkmalen.

Frage 3: Erläutern Sie das Ordnungssysteme „Chronologische Ordnung" sowie 3 weitere Ordnungssysteme.

Situation zu den Fragen 4 - 6
Zu den Organisationsaufgaben gehören die Planung, Koordination und Überwachung von Terminen.

Frage 4: Nennen Sie verschiedene Terminarten.

Frage 5: Welches sind gebräuchliche Hilfsmittel bei der Terminplanung?

Frage 6: Es wird überlegt, eine elektronische Terminplanung und Terminüberwachung einzuführen. Nennen Sie je 3 Vorteile und Nachteile bei einem Umstieg.

Situation zu den Fragen 7 - 10
Innerhalb des letzten Jahres kam es zu 2 Computerabstürzen. Sie sind damit beauftragt, Maßnahmen zur Datensicherheit und zum Datenschutz einzuleiten.

Frage 7: Nennen Sie 4 Maßnahmen, die zur Erhöhung der Datensicherheit beitragen.

Frage 8: Was ist eine Firewall?

Frage 9: Was ist ein Backup?

Frage 10: Welche Speichermedien eignen sich für die Datensicherung kleinerer und größerer Datenmengen?

Situation zu den Fragen 11 - 12
Keno Taler hat in der IT-Abteilung Zugriff auf personenbezogene Daten der Arbeitnehmer.

Frage 11: In welchem Gesetz ist der Umgang mit personenbezogenen Daten geregelt?

Frage 12: Welche Rechte haben Arbeitnehmer bezüglich ihrer personenbezogenen Daten?

Lösungen zu Fragenblock C

Frage 1:

Größe des Anschriftenfeldes: 40 x 85 mm (Dazu kommen 5 mm für die Absender-Adresse oberhalb der Empfängeranschrift.)

Betreff: Die Betreffzeile wird fett gedruckt. Das Wort "Betreff" wird nicht ausgeschrieben.

Anrede: Erscheint 2 Leerzeilen nach dem Betreff. Danach erfolgt eine Leerzeile.

Datum: Internationale Schreibweise: 2018-05-26; 26.05.2018; 26. Mai 2018

Schrift Textbereich: Mindestens Schriftgröße 10 und gut lesbare Schriftarten (z. B. Arial Größe 11, Times New Roman Größe 12) verwenden.

Seitenränder: 2,5 cm vom linken Rand und mindestens 1 cm vom rechten Rand

IBAN: 4er Gruppen und zum Schluss eine 2er Gruppe, z. B. DE25 1234 3421 4567 8910 12

Telefonnummer: Vorwahl und Rufnummer durch Leerzeichen trennen, z. B. 04562 986543.

Frage 2:

Ergebnisprotokoll:	Kurzprotokoll mit Beschlüssen und Ergebnissen.
Wortprotokoll:	Umfangreich, da alle Wortbeiträge ungekürzt protokolliert werden.
Gedächtnisprotokoll:	Nachträglich werden die wichtigsten Eckpunkte festgehalten.
Verlaufsprotokoll:	Die wesentlichen Inhalte werden sinngemäß wiedergegeben.

Frage 3:

- Chronologische Ordnung: Sortierung nach einer zeitlichen Reihenfolge, z. B. Geburtstagen
- Numerische Ordnung: Sortierung nach Nummern, z. B. Kontonummern
- Alphabetisches System: Sortierung nach dem Alphabet, z. B. nach Kundennamen
- Alphanumerische Ordnung: Kombination von alphabetischer und numerischer Ordnung, z. B. A-658. „A“ ist die Grobeinteilung, „658“ steht für die Feineinteilung.
- Farbliche Ordnung: Sinnvolle Ergänzung, z. B. Lieferantenadressen im gelben Ordner. Statt Farben können auch Symbole / Piktogramme verwendet werden.

Frage 4:

Terminart	Beispiele
Feste Termine:	Jubiläum, Geburtstag, Steuerzahlung
Variable Termine:	Besprechungen, Tagungen
Interne Termine:	Besprechung der Marketingabteilung, Meeting der Geschäftsführung
Externe Termine:	Prüfung bei der IHK, Banktermin
Wichtige Termine:	Besuch eines Großkunden, Zahlung von Steuerschulden
Langfristige Termine:	Kundenbesuch im nächsten Jahr, besonderes Firmenjubiläum

Frage 5:

✓ Jahresplaner (z. B. Wandkalender)
✓ Tageskalender (z. B. Tisch- und Taschenkalender)
✓ Terminmappe / Wiedervorlagemappe
✓ Planungstafel (z. B. Magnet- und Stecktafel)
✓ Terminplanungsprogramm (z. B. Synchronisation mit Handy und PDA möglich)

Frage 6:

Vorteile	**Nachteile**
- Terminpflege einfach (z. B. Verschieben) - Übersichtlich - Termine auch „unterwegs“ einsehbar - Passwortschutz möglich	- Datenverlust bei Soft- und Hardwarefehlern - Änderungen müssen synchronisiert werden. - Änderungen lassen sich nachträglich schwer rekonstruieren.

Frage 7:

Verschlüsselung von Daten	Verwendung von geeigneten Passwörtern
Installierung einer Firewall	Erstellung eines Virenschutzkonzeptes

Frage 8: Eine Firewall kann aus Hard- und Software bestehen und soll verhindern, dass Unberechtigte Zugriff (z. B. auf das Firmennetz) bekommen.

Frage 9: Das ist eine Sicherheitskopie der Originaldaten auf einem anderen Datenträger. Im Falle eines Datenverlustes können dadurch die Originaldaten wieder hergestellt werden.

Frage 10:
Kleine Datenmengen: USB-Stick (auch gut für den Transport von Daten), DVD (auch gut zur Archivierung von Daten)

Große Datenmengen: Server (z. B. Back-Up Server), externe Festplatte, Cloud (Wichtig ist ein vertrauenswürdiger Partner.)

Frage 11: Der Umgang ist im Bundesdatenschutzgesetz geregelt.

Frage 12:

Auskunftsrecht:	Welche Daten werden gespeichert und zu welchem Zweck?
Berichtigungsrecht:	Unrichtige Daten sind zu korrigieren.
Recht auf Löschung:	Unzulässige Daten oder nicht mehr benötigte Daten sind zu löschen.
Recht auf Sperrung:	Wird die Richtigkeit vom Betroffenen bestritten, sind die Daten zu sperren.

D. Kaufmännische Steuerung und Kontrolle 1

Situation zu den Fragen 1 - 3
Aus der aktuellen Gewinn- und Verlustrechnung erhalten Sie nachfolgendes Zahlenmaterial:

Gewinn:	65.000,00 €
Umsatzerlöse:	720.000,00 €
Materialkosten:	122.000,00 €
Personalkosten:	105.000,00 €
Zinsaufwendungen:	8.500,00 €
Abschreibungen:	25.600,00 €
Rückstellungen, langfristig:	24.200,00 €
Eigenkapital:	300.000,00 €
Fremdkapital:	240.000,00 €

Frage 1: Berechnen Sie den Cashflow.

Frage 2: Wie hoch ist die Gesamtkapitalrentabilität?

Frage 3: Berechnen Sie die Umsatzrendite.

Frage 4: Welche Aussagen zur Kostenartenrechnung sind richtig? 2 richtige Antworten

a) Sie erfasst und gliedert die Kostenarten, die in einem Zeitraum anfallen.
b) Sie verteilt die Kosten auf die einzelnen Kostenträger.
c) Sie stellt die für eine Vorkalkulation notwendige Daten zur Verfügung.
d) Sie verteilt die Kosten auf die einzelnen Kostenstellen.

Frage 5: Welche Aussagen zur Kostenträgerrechnung sind richtig? 2 richtige Antworten

a) Die Kostenträgerrechnung ist für Handelsbetriebe vorgeschrieben.
b) In der Kostenträgerrechnung wird festgestellt, für welches Produkt die Kosten entstanden sind.
c) Die Kostenträgerrechnung wandelt Fixkosten in variable Kosten um.
d) Die Kostenträgerrechnung baut auf der Kostenartenrechnung und Kostenstellenrechnung auf.

Frage 6: Welche Kosten zählen zu den Gemeinkosten? 2 richtige Antworten

a) Gewerbesteuer
b) Materialkosten
c) Raumkosten
d) Fertigungslohn

Frage 7: Was ist unter „Break Even Point" zu verstehen?

Situation zu den Fragen 8 - 9
Folgende Zahlen zur Auswertung werden Ihnen mitgeteilt:

Anlagevermögen:	502.000,00 €
Umlaufvermögen:	914.200,00 €
Forderungen aus Lieferungen u. Leistungen:	136.000,00 €
Liquide Mittel:	225.000,00 €
Eigenkapital:	336.000,00 €
Fremdkapital:	512.000,00 €
Langfristiges Fremdkapital:	332.800,00 €
Kurzfristiges Fremdkapital:	179.200,00 €

Frage 8: Berechnen Sie die Liquidität 1. Grades.

Frage 9: Berechnen Sie die Liquidität 2. Grades.

Frage 10: Was besagt die „Goldene Bilanzregel“? 2 richtige Antworten

a) Sie sagt, dass langfristiges Anlagevermögen auch langfristig finanziert werden muss.
b) Sie sagt, dass kurzfristiges Anlagevermögen auch langfristig finanziert werden sollte.
c) Sie besagt, dass kurzfristiges Anlagevermögen auch kurzfristig finanziert werden sollte.
d) Sie besagt, dass Anlagevermögen mit Hypothekendarlehen abgesichert werden müssen.

Situation zu den Fragen 11 - 15
Sie sind für ein Ersatzteillager zuständig. Aus der Lagerbuchführung können Sie entnehmen:
- Durchschnittlicher Lagerbestand: 125.000,00 €
- Lagerumschlag: 5
- Aktueller Zinssatz: 6 %

Frage 11: Wie hoch ist der Lagerzinssatz?

Frage 12: Wie hoch sind die Lagerzinsen?

Frage 13: Was ist unter „eiserner Bestand“ zu verstehen?

Frage 14: Mit welcher Formel wird der Meldebestand errechnet?

Frage 15: Ordnen Sie die Begriffe richtig zu.

1. Bestand, der mindestens im Lager vorhanden sein soll.	a) Istbestand
	b) Buchbestand
2. Bei der Inventur ermittelter Bestand.	c) Mindestbestand
3. Bestand, bei dem die Einkaufsabteilung benachrichtigt wird.	d) Meldebestand
4. Laut Buchhaltung vorhandener Bestand.	e) Durchschnittliche Lagerdauer

Lösungen zu Fragenblock D

Frage 1:
Cashflow = Gewinn + Abschreibungen + Rückstellungen, langfristig
65.000,00 € + 25.600,00 € + 24.200,00 € = **114.800,00 €**

Frage 2:

$$\text{Gesamtkapitalrentabilität} = \frac{(\text{Gewinn} + \text{Zinsen Fremdkapital}) \times 100}{\text{Gesamtkapital}}$$

$$\text{Gesamtkapitalrentabilität} = \frac{(65.000{,}00\ € + 8500{,}00\ €) \times 100}{540.000{,}00\ €} = \mathbf{13{,}61\ \%}$$

Frage 3:

$$\text{Umsatzrendite} = \frac{\text{Gewinn} \times 100}{\text{Umsatz}} = \frac{65.000{,}00\ € \times 100}{720.000{,}00\ €} = \mathbf{9{,}03\ \%}$$

Frage 4: a, c

Frage 5: b, d

Frage 6: a, c

Frage 7: Die Gewinnschwelle (engl. Break Even Point), ist der Punkt, an dem Erlös und Kosten gleich hoch sind. Es wird somit weder Verlust noch Gewinn erwirtschaftet. Wird die Gewinnschwelle überschritten, macht das Unternehmen Gewinn. Wird sie unterschritten, macht das Unternehmen Verlust.

Frage 8:

$$\text{Liquidität 1. Grades} = \frac{\text{Liquide Mittel} \times 100}{\text{Kurzfristiges Fremdkapital}} = \frac{225.000{,}00\ € \times 100}{179.200{,}00\ €} = \mathbf{125{,}56\ \%}$$

Frage 9:

$$\text{Liquidität 2. Grades} = \frac{(\text{Liquide Mittel + Forderungen}) \text{ x } 100}{\text{Kurzfristiges Fremdkapital}}$$

$$= \frac{(225.000{,}00\ € + 136.000{,}00\ €) \text{ x } 100}{179.200{,}00\ €} = \mathbf{201{,}45\ \%}$$

Frage 10: a, c

Frage 11:

$$\text{Lagerzinssatz} = \frac{6}{5} = \mathbf{1{,}2\ \%}$$

Frage 12:

$$\text{Lagerzinsen} = \frac{\text{Durchschn. Lagerbestand x Lagerzinssatz}}{100} = \frac{125.000{,}00\ € \text{ x } 1{,}2\ \%}{100} = \mathbf{1.500{,}00\ €}$$

Frage 13: Der „eiserne Bestand" ist der Bestand, der ständig auf Lager sein muss, um den reibungslosen Ablauf (z. B. auch bei Lieferschwierigkeiten des Lieferanten) zu gewährleisten.

Frage 14:
Meldebestand = Mindestbestand + (Tagesverbrauch x Lieferzeit)

Frage 15: 1c, 2a, 3d, 4b

E. Kaufmännische Steuerung und Kontrolle 2

Kontenauswahl			
Kontenklasse 0	**Kontenklasse 1**	**Kontenklasse 2**	**Kontenklasse 3**
Anlage- und Kapitalkonten	**Finanz- und Privatkonten**	**Abgrenzungs-konten**	**Wareneinkaufskonten, Vorräte (WE)**
00 Grundstücke … 04 Fuhrpark, GWG 0400 Fahrzeuge 0410 Vorführfahrzeuge …	10 Kassenbestand 1000 Kasse …. 1200 Bank …. 15 Sonstige Vermögensgegenstände 1576 Vorsteuer 19 % …. 1600 Verbindlichkeiten aus LuL …. 1776 Umsatzsteuer 19 %		30 WE, Bestand Pkw 3000 Pkw neu 3039 Pkw Überführungs- und Zulassungskosten 3040 Pkw gebraucht 3050 Pkw gebraucht ohne Vorsteuerabzug (differenzbesteuert) …. 33WE, Bestand, Teile, Zubehör 3300 Pkw Teile und Zubehör

Kontenklasse 4	5+6	Kontenklasse 7	Kontenklasse 8	Kontenklasse 9
Betriebliche Aufwendungen		**VAK Verrechnete Anschaffungskosten**	**Erlöskonten VE**	**Sonderkonten**
…. 4940 Ablieferungs-durchsicht 4963 Garantie, Kulanz, Kundendienst		70 VAK Pkw 7040 Pkw gebraucht 7050 Pkw gebraucht differenzbesteuert …. 73 VAK Teile, Zubehör Pkw 7300 Pkw Teile und Zubehör	80 Erlöse Pkw 8047 Pkw gebraucht umsatzsteuerfrei 8050 Pkw gebraucht differenzbesteuert …. 83 Erlöse Teile, Zubehör 8300 Pkw Teile und Zubehör 8330 Pkw Reifen 86 Lohnerlöse, Erlöse aus Fremdleistungen 8609 Lohnerlöse Instandhaltung intern	

Situation zu den Fragen 1 - 2
Das Autohaus „Goldener Anker“ kauft zwei Kleinwagen. Auf den Preis von 9850,00 € (inkl. Umsatzsteuer) pro Auto wird ein Händlerrabatt von 12 % gewährt. Es fallen zusätzlich Überführungskosten von 400,00 € zzgl. Umsatzsteuer an.

Frage 1: Buchen Sie den Kauf, wenn „Kauf auf Rechnung“ mit einem Zahlungsziel von 14 Tagen vereinbart wurde.

Frage 2: Nach 7 Tagen wird die Rechnung durch eine Überweisung gezahlt.

Situation zu den Fragen 3 - 4
Das Autohaus kauft 5 Außenspiegel zum Nettopreis von 24,60 € pro Außenspiegel.

Frage 3: Buchen Sie den Kauf. Der Betrag wird vom Konto des Autohauses abgebucht.

Frage 4: Ein Kunde kauft einen Außenspiegel zum Preis von 42,00 € inkl. Umsatzsteuer zum Selbsteinbau und zahlt in bar. Buchen Sie. Erläutern Sie den Begriff „VAK Buchung“.

Situation zu den Fragen 5 - 8
Das Autohaus Griffig hat einen Gebrauchtwagen zum Preis von 6200,00 € von Privat angekauft. Wenig später wird der Wagen zum Preis von 8400,00 € an einen Privatkunden verkauft. Es wird bar bezahlt.

Frage 5: Welches Besteuerungsverfahren ist anzuwenden?

Frage 6: Wie wäre das Besteuerungsverfahren, wenn das Autohaus den Wagen von einer Firma angekauft hätte?

Frage 7: Erstellen Sie die notwendigen Buchungen beim Verkauf des Wagens.

Frage 8: Vor der Übergabe wird der Wagen durchgesehen. Buchen Sie die dafür anzusetzenden Kosten in Höhe von 54,00 €.

Situation zu den Fragen 9 - 10
Das Autohaus Vismer hat Privatkunden und Firmenkunden.
Während die Privatkunden häufig bar zahlen, kaufen die Firmen meist auf Rechnung.

Frage 9: Der Geschäftsführer klagt über das Zahlungsverhalten der Firmenkunden.
Welche Vorteile hätte das SEPA-Lastschriftverfahren?

Frage 10: Welche Widerspruchsregelungen gelten bei den SEPA-Lastschriften?

Frage 11: Sie erfahren, dass über die Firma Herbert Müller Einzelhandel das Insolvenzverfahren eröffnet wurde. Welche Auswirkungen hat dies? 2 richtige Antworten.

a) Der Insolvenzverwalter übernimmt das Recht, über die Insolvenzmasse zu verfügen.
b) Der Betrieb der Firma Herbert Müller Einzelhandel wurde eingestellt.
c) Zwangsvollstreckungen sind für die Dauer des Verfahrens nicht möglich.
d) Die Insolvenzgläubiger erhalten ihre offenen Forderungen zu mindestens 75 % erstattet.

Frage 12: Welche Aussagen zum gerichtlichen Mahnbescheid sind richtig? 2 richtige Antworten

a) Zuständig ist das Gericht, in dessen Bezirk der Schuldner seinen Firmen- oder Wohnsitz hat.
b) Das gerichtlichen Mahnverfahren wird durch den „Vollstreckungsbescheid" eingeleitet.
c) Das Gericht erlässt den Bescheid ohne Prüfung der Rechtmäßigkeit des Anspruches.
d) Nach Zustellung des Mahnbescheids kann der Schuldner innerhalb von 2 Wochen Widerspruch einlegen.

Lösungen zu Fragenblock E

Frage 1:

119 % = 19.700,00 € $X = \frac{19.700,00 € \times 100 \%}{119 \%}$ X = 16.554,62 €

100 % = x

16.554,62 € - 12 % Rabatt = 14.568,07 €

Soll			Haben		
Konto-Nr.	Kontobezeichnung	Euro	Konto-Nr.	Kontobezeichnung	Euro
3000	PKW neu	14.568,07	1600	Verbindlichkeiten aus LuL	17.812,00
3039	PKW Überführungs- u. Zulassungskosten	400,00			
1576	Vorsteuer 19 %	2843,93			

Frage 2:

Soll			Haben		
Konto-Nr.	Kontobezeichnung	Euro	Konto-Nr.	Kontobezeichnung	Euro
1600	Verbindlichkeiten aus LuL	17.812,00	1200	Bank	17.812,00

Frage 3:

Soll			Haben		
Konto-Nr.	Kontobezeichnung	Euro	Konto-Nr.	Kontobezeichnung	Euro
3300	PKW Teile und Zubehör	123,00	1200	Bank	146,37
1576	Vorsteuer 19%	23,37			

Frage 4:

Soll			Haben		
Konto-Nr.	Kontobezeichnung	Euro	Konto-Nr.	Kontobezeichnung	Euro
1000	Kasse	42,00	8300	PKW Teile und Zubehör	35,29
			1776	Umsatzsteuer 19 %	6,71

VAK = Verrechnete Anschaffungskosten. Es erfolgt eine zweite Buchung. Damit wird die Lagerentnahme gebucht und somit das Bestandskontos „WE PKW Teile und Zubehör" korrigiert. Es wird zum Einkaufswert gebucht.

Soll			Haben		
Konto-Nr.	Kontobezeichnung	Euro	Konto-Nr.	Kontobezeichnung	Euro
7300	VAK PKW Teile und Zubehör	24,60	3300	WE PKW Teile und Zubehör	24,60

Frage 5: Der Wagen wurde von einer Privatperson gekauft und wird an eine Privatperson verkauft. Es ist die **Differenzbesteuerung** anzuwenden.

Frage 6: In diesem Fall ist die **Regelbesteuerung** anzuwenden.

Frage 7: 8400,00 € - 6200,00 € = 2200,00 € Differenz

119 % = 2200,00 €
100 % = X

$$X = \frac{2200{,}00\ € \times 100\ \%}{119\ \%}$$

X = 1848,74 € Bemessungsgrundlage

Soll			Haben		
Konto-Nr.	Kontobezeichnung	Euro	Konto-Nr.	Kontobezeichnung	Euro
1000	Kasse	8400,00	8047	Pkw gebraucht umsatzsteuerfrei	6200,00
			8050	Pkw gebraucht differenzbesteuert	1848,74
			1776	Umsatzsteuer 19 %	351,26

Soll			Haben		
Konto-Nr.	Kontobezeichnung	Euro	Konto-Nr.	Kontobezeichnung	Euro
7050	VAK Pkw gebraucht differenzbesteuert	6200,00	3050	Pkw gebraucht ohne Vorsteuerabzug	6200,00

Frage 8:

Soll			Haben		
Konto-Nr.	Kontobezeichnung	Euro	Konto-Nr.	Kontobezeichnung	Euro
4940	Ablieferungsdurchsicht	54,00	8609	Lohnerlöse Instandhaltung intern	54,00

Frage 9:
- Pünktlicher Zahlungseingang
- Einfacheres Forderungsmanagement
- Die Lastschrift muss angekündigt werden, somit kann der Zahlende für Kontodeckung sorgen.
- Die Liquidität wird erhöht.

Frage 10:
SEPA-Basislastschrift: Ein Widerspruch ist innerhalb von acht Wochen nach Belastung möglich. Die Kontobelastung wird rückgängig gemacht.

SEPA-Firmenlastschrift: Kein Erstattungsanspruch nach Einlösung der Lastschrift. Dadurch erhält der Empfänger eine Zahlungssicherheit.

Frage 11: a, c

Frage 12: c, d

F. Kaufmännische Steuerung und Kontrolle 3

Frage 1: Welche Aufgabe hat der Betriebsabrechnungsbogen?

Situation zu den Fragen 2 - 6
Aus einem Betriebsabrechnungsbogen lassen sich folgende Informationen entnehmen:

	Auszug aus Betriebsabrechnungsbogen		
	Neuwagen in €	Gebrauchtwagen in €	Teile / Zubehör in €
Gemeinkosten gesamt	480.000,00	270.000,00	120.000,00
Abteilungskosten	320.500,00	325.500,00	?
Einzelkosten	225.000,00	158.250,00	85.000,00
Abteilungserlöse	?	875.400,00	291.500,00
Abteilungsergebnis	95.500,00	?	45.500,00

Frage 2: Berechnen Sie das Abteilungsergebnis der Abteilung Gebrauchtwagen.

Frage 3: Wie hoch sind die Abteilungserlöse im Bereich Neuwagen?

Frage 4: Wie hoch sind die Abteilungskosten im Bereich Teile / Zubehör?

Frage 5: Berechnen Sie die Umsatzrendite der Abteilung Gebrauchtwagen in %.

Frage 6: Errechnen Sie den Roh- oder Bruttogewinn der Abteilung Neuwagen.

Frage 7: Wie wird eine Aufwendung für das alte Geschäftsjahr, deren Höhe wir noch nicht genau kennen, abgegrenzt? 1 richtige Antwort

a) Aktive Rechnungsabgrenzung
b) Rückstellung
c) Passive Rechnungsabgrenzung
d) Sonstige Verbindlichkeiten

Frage 8: Ordnen Sie die Aussagen entsprechend zu.

Aussagen	Kontenart
1. Der Anfangsbestand stimmt mit dem Schlussbestand des Kontos aus dem Vorjahr überein.	a) Erfolgskonten
2. Das Konto hat keinen Anfangsbestand.	b) Bestandskonten
3. Das Konto wird über das Schlussbilanzkonto (SBK) abgeschlossen.	
4. Der Abschluss erfolgt über das GuV-Konto.	
5. Die Konten können unterteilt werden in Aufwands- und Ertragskonten.	
6. Sie werden als Unterkonten des Eigenkapitals bezeichnet.	

Situation zu den Fragen 9 - 10
Sie erhalten ein Angebot für Felgenreiniger Spray. Die Sprühdose kostet 4,50 € netto. Ab 30 Stück erhalten Sie einen Rabatt von 15 %. Bei Zahlung innerhalb von 7 Tagen wird Ihnen 3 % Skonto gewährt.

Frage 9: Wie teuer ist eine Dose Felgenreiniger Spray, wenn Sie 20 Sprühdosen bestellen und nach 30 Tagen die Rechnung bezahlen?

Frage 10: Wie teuer ist eine Dose Felgenreiniger Spray, wenn Sie 30 Sprühdosen bestellen und innerhalb von 7 Tagen die Rechnung zahlen?

Frage 11: Der Einstandspreis eines Zubehörteils ist 32,00 €. Wie hoch ist der Bruttoverkaufspreis inkl. 19 % USt.? Rechnen Sie mit 35 % Geschäftskosten und 12 % Gewinn.

Situation zu den Fragen 12 - 13
Ein Autohaus möchte einen Dachgepäckträger zum Verkaufspreis von 199,00 € anbieten. Es kalkuliert mit Geschäftskosten von 30 % und einem Gewinn von 18 %.

Frage 12: Wie hoch ist der Nettoverkaufspreis?

Frage 13: Wie hoch darf der Einstandspreis höchstens sein?

Frage 14: Ein Zubehörteil wird für 14,00 € angeboten. Der Bezugspreis (Einstandspreis) beträgt 5,60 €. Wie hoch ist der Kalkulationsfaktor?

Frage 15: Die Entlohnung der Vertragshändler erfolgt in der Regel über ein Margensystem. Nennen Sie 8 Kriterien, die diese Marge beeinflussen können.

Lösungen zu Fragenblock F

Frage 1: Der Betriebsabrechnungsbogen (BAB) verteilt bestimmte Kostenarten auf die Kostenstellen. So werden z. B. allgemeine Kosten wie Strom, Miete auf die Kostenstellen umgelegt.

Frage 2:	**Frage 3:**	**Frage 4:**
875.400,00 € - 270.000,00 € - 325.500,00 € - 158.250,00 € **121.650,00 €**	480.000,00 € + 320.500,00 € + 225.000,00 € + 95.500,00 € **1.121.000,00 €**	291.500,00 € - 120.000,00 € - 85.000,00 € - 45.500,00 € **41.000,00 €**

Auszug aus Betriebsabrechnungsbogen			
	Neuwagen in €	Gebrauchtwagen in €	Teile / Zubehör in €
Gemeinkosten gesamt	480.000,00	270.000,00	120.000,00
Abteilungskosten	320.500,00	325.500,00	**41.000,00**
Einzelkosten	225.000,00	158.250,00	85.000,00
Abteilungserlöse	**1.121.000,00**	875.400,00	291.500,00
Abteilungsergebnis	95.500,00	**121.650,00**	45.500,00

Frage 5:

875.400,00 € = 100 %
121.650,00 € = X

$$X = \frac{100\ \% \times 121.650{,}00\ €}{875.400{,}00\ €} = \mathbf{13{,}90\ \%}$$

Frage 6:

	Abteilungserlöse	1.121.000,00 €
-	Abteilungskosten	320.500,00 €
-	Einzelkosten	225.000,00 €
	Roh- oder Bruttogewinn	**575. 500,00 €**

Frage 7: b

Frage 8: 1b, 2a, 3b, 4a, 5a, 6a

Frage 9: 4,50 €

Frage 10:

	4,50 €
- 15 % Rabatt	0,68 €
	3,82 €
- 3 % Skonto	0,11 €
Preis pro Sprühdose	**3,71 €**

(Die Zwischenergebnisse wurden gerundet)

Frage 11:

Einstandspreis	32,00 €
+ 35 % Geschäftskosten	11,20 €
Selbstkostenpreis	43,20 €
+ 12 % Gewinn	5,18 €
Nettoverkaufspreis	48,38 €
+ 19 % Umsatzsteuer	9,19 €
Bruttoverkaufspreis	**57,57 €**

Frage 12:

Einstandspreis	109,02 €
+ 30 % Geschäftskosten	32,70 €
Selbstkostenpreis	141,72 €
+ 18 % Gewinn	25,51 €
Nettoverkaufspreis	**167,23 €**
+ Umsatzsteuer	31,77 €
Bruttoverkaufspreis	199,00 €

Der Nettoverkaufspreis beträgt **167,23 €**

Frage 13: Der Einstandspreis darf höchstens **109,02 €** betragen.

Frage 14: **Kalkulationsfaktor** = $\frac{\text{Bruttoverkaufspreis}}{\text{Bezugspreis}}$

14,00 € : 5,60 € = **2,5**

Frage 15:

✓ Anzahl der abgenommen Kraftfahrzeuge
✓ **Zielerreichungsgrad**
✓ Modellbonus
✓ **Vorführwagenbestand**
✓ Marktdurchdringung (im Verkaufsgebiet)
✓ **Teilnahme und Ergebnis bei Händlervergleich**
✓ Eroberungsquote (z. B. Inzahlungnahme von Modellen anderen Automarken)
✓ **Zufriedenheit der Kunden**
✓ Erfüllung von Standards im Bereich Corporate Identity (CI) und Corporate Design (CD)
✓ **Ausstellungsfläche**
✓ Verkauf von Zubehör / Sonderausstattung

G. Vertrieb

Frage 1: Was ist unter Direktvertrieb im Autohandel zu verstehen?

Frage 2: Welche Aussage zu einer „Niederlassung" ist richtig? 1 richtige Antwort

a) Die Niederlassung hat einen Händlervertrag mit der entsprechenden Automarke.
b) Der Hersteller hat einen sehr großen Einfluss auf das Erscheinungsbild (Corporate Design).
c) Eine Niederlassung darf nur an Großkunden verkaufen.
d) Eine Niederlassung vertritt meist mehrere Automarken.

Frage 3: Ordnen Sie die Merkmale der entsprechenden Vertriebsform zu.

1. Der Verkäufer ist Eigentümer des Fahrzeugs.	
2. Der Verkauf erfolgt in fremdem Namen und auf fremde Rechnung.	a) Händler
3. Das Verkaufsrisiko entfällt.	
4. Der Verkäufer hat Anspruch auf eine Vermittlerprovision.	b) Agent
5. Die Automobile müssen vorfinanziert werden.	

Situation zu den Fragen 4 - 5
Sönke Schrauber hat eine Stelle direkt bei einem Autohersteller angefangen.
Er hört dort den Begriff „Werksverkauf".

Frage 4: Welche Vorteile hätte der Autokauf über den „Werksverkauf" für Sönke?

Frage 5: Wieso ist der „Werksverkauf" auch für den Hersteller vorteilhaft?

Frage 6: Welche Aufgaben hat die Gruppenfreistellungsverordnung (GVO) im Autohandel im Allgemeinen? 2 richtige Antworten

a) Bestimmte vertikale Vereinbarungen zwischen Kfz-Herstellern und Kfz-Händlern sowie Vertragswerkstätten sollen als wettbewerbsrechtlich unbedenklich gelten.
b) Durch gesetzliche Verordnungen soll eine bestimmte Mindest-Gewinnmarge beim Handel mit Automobilen gewährleistet werden.
c) Die GVO erhöht die Rechtssicherheit und entlastet Unternehmen und Wettbewerbsbehörden von Einzelfallprüfungen.
d) Der Garantieanspruch bei Neu- und Gebrauchtwagen wird durch die GVO europaweit festgelegt.

Situation zu den Fragen 7 - 8
Ein Kunde besucht Ihr Autohaus mit einem 9 Monate alten EU-Neuwagen, der vor 9 Monaten aus Tallinn / Estland über ein darauf spezialisiertes Autohaus in Düsseldorf reimportiert wurde. Er möchte die Inspektion machen lassen und hat dazu Fragen.

Frage 7: Ist die Ausstattung baugleich mit dem Deutschen Modell?

Frage 8: Wie ist die Regelung, wenn ein Garantiefall eintritt?

Situation zu den Fragen 9 - 13
Sie sind beauftragt, mit einem Kunden ein Beratungs- und Verkaufsgespräch zu führen.

Frage 9: Welche Anforderungen werden an Sie bezüglich Ihres Erscheinungsbildes und Ihres Verhaltens gestellt? Nennen Sie je 3 Anforderungen.

Frage 10: Nennen Sie 6 Regeln, die Sie besonders bei der Eröffnung des Gespräches berücksichtigen sollten.

Frage 11: Unterscheiden Sie offene und geschlossene Fragen und geben Sie je ein Beispiel.

Frage 12: Was sind Entscheidungs-, Kontroll- und Suggestivfragen? Geben Sie wiederum je ein Beispiel.

Frage 13: Was ist unter nonverbaler Kommunikation zu verstehen? Nennen Sie die Teilbereiche mit Beispiel.

Frage 14: Warum sind After-Sales Maßnahmen für ein Autohaus wichtig? Nennen Sie 3 After-Sales Maßnahmen.

Frage 15: Welche Handlungen sind im Gesetz gegen unlauteren Wettbewerb (UWG) geregelt? 2 richtige Antworten

a) Preisauszeichnungspflicht im Schaufenster
b) Verbreitung von geschäftsschädigenden Behauptungen über Mitbewerber
c) Werbeanrufe bei Verbrauchern ohne deren Zustimmung
d) Überschreitung der tariflichen Arbeitszeiten der Arbeitnehmer

Lösungen zu Fragenblock G

Frage 1: Der Kaufvertrag wird direkt zwischen dem Hersteller (z. B. VW) und dem Käufer geschlossen. Dies wird oft bei Großkunden angewandt.

Frage 2: b

Frage 3: 1a, 2b, 3b, 4b, 5a

Frage 4:
✓ Guter Preis durch höhere Rabatte
✓ Vorteilhafte Finanzierung über den Hersteller
✓ Individuelle Ausstattungswünsche möglich
✓ Fester Liefertermin (Zeit zum Verkauf des alten Wagens)
✓ Teilnahme am „Gebrauchtwagen Pool" für Werksangehörige

Frage 5:
✓ Bindung der Mitarbeiter an das Unternehmen
✓ Zusätzliche Motivation für die Mitarbeiter
✓ Zusätzlicher Absatzkanal für die Fahrzeuge
✓ Mitarbeiter fahren Kfz der eigenen Marke (Werbung)

Frage 6: a, c

Frage 7: Je nach dem ursprünglichen Bestimmungsland können die Ausstattung oder die Ausstattungspakete abweichen. Hier sollte - natürlich vor dem Kauf - auf die Ausstattungsliste geachtet werden.

Frage 8: Das Fahrzeug wurde aus einem EU-Land (Estland) reimportiert. Somit gilt die europaweite Herstellergarantie. Die Voraussetzungen für die Wirksamkeit der Herstellergarantie sind eine Garantiekarte und ein vom ausländischen Händler ausgefülltes Service-Heft.

Die Garantiezeit beginnt ab der ersten Zulassung oder mit der Übergabe an den Importeur. Handelt es sich um ein Fahrzeug, das der Importeur auf Lager hat, kann die Garantiezeit somit schon (länger) laufen.

Frage 9:

Erscheinungsbild	Verhalten
Gepflegtes Äußeres Ansprechende Kleidung und Schuhe Ordentliche Arbeitsunterlagen	Höflich Interessiert und engagiert Wertschätzung ausdrücken

Frage 10:

✓ Führen Sie das Gespräch nicht unter Zeitdruck.
✓ Schaffen Sie eine positive Gesprächsatmosphäre.
✓ Nehmen Sie Blickkontakt auf und stehen Sie gerade.
✓ Begrüßen Sie Ihren Gesprächspartner freundlich mit Namen.
✓ Hören Sie Ihrem Gesprächspartner aufmerksam zu.
✓ Sprechen Sie nicht monoton und betonen Sie Wichtiges (Stimmmodulation).
✓ Halten Sie einen angemessenen Abstand.
✓ Achten Sie auf Ihre und die Körpersprache Ihres Gegenübers.

Frage 11:

- Offene Fragen: Sie lassen alle möglichen Antworten zu und liefert gute Informationen für den Verkäufer. Beispiel: „Wofür benötigen Sie das Auto?“

- Geschlossene Fragen: Sie sind durch eine kurze Antwort oder mit „Ja oder Nein“ zu beantworten. Beispiel: „Soll dieses Auto von der ganzen Familie genutzt werden?“

Frage 12:

Entscheidungsfragen: Vom Gesprächspartner wird eine Entscheidung erwartet. Beispiel: „Sollen wir Ihren Wagen für kommenden Dienstag zum TÜV anmelden?“

Kontrollfragen: Es wird kontrolliert, dass dic vorherigen Gesprächspunkte verstanden wurden. Beispiel: „Habe ich Sie richtig verstanden, dass wir jetzt nur noch über die Farbe reden?“

Suggestivfragen: Sie legen dem Käufer eine Antwort „in den Mund“ und sollen oft beeinflussen oder den Kauf beschleunigen. Beispiel: „Sie wollen doch ein günstiges und zuverlässiges Auto kaufen?“

Frage 13: Nonverbale Kommunikation ist jegliche Kommunikation, die nicht verbal erfolgt.

Nonverbale Kommunikation - Beispiele	
Mimik:	Freundlicher Gesichtsausdruck, Blickkontakt halten.
Gestik:	Mit offenen Armen auf Kunden zugehen, Hände nicht vor der Brust verschränken, Hände nicht in die Hosentaschen stecken.
Körperhaltung:	Aufrechte, offene Körperhaltung
Abstand:	Persönliche Distanzzone wahren, Abstand ca. 1-2 m

Frage 14: After-Sales ist ein wirtschaftlich wichtiger Bereich, da hier ein großer Anteil des Ertrages eines Autohauses entsteht. Zudem ist es eine wichtige Maßnahme zur Kundenbindung.

✓ Nach etwas Abstand sich nach der Zufriedenheit mit dem neuen Fahrzeug erkundigen.
✓ Zeitlich passende Serviceangebote senden, z. B. für Winterreifenwechsel, Winterchecks, Inspektion und Hauptuntersuchung.
✓ Einladung zu Fahrzeugneuvorstellungen und passenden Events/Veranstaltungen im Autohaus.
✓ Individuelle Glückwünsche zum Geburtstag des Kunden.

Frage 15: b, c

H. Fahrzeuge

Frage 1: Vergleichen Sie Ottomotor und Dieselmotor. Nennen Sie je 3 Vorteile.

Frage 2: Was kennzeichnet den 3-Wege-Katalysator?

Frage 3: Ordnen Sie folgende Beschreibung dem entsprechendem System zu.

1. EDS	a) System zum Entgegenwirken von Schleudern in Kurven durch gezieltes Abbremsen einzelner Räder und Reduzierung der Motorleistung.
2. ABS	b) Verhindert das Durchdrehen der Räder beim Beschleunigen auf glattem Grund (z. B. auf glatter Fahrbahn und Schnee).
3. ASR	c) Das Durchdrehen der Antriebsräder wird beim Anfahren verhindert.
4. ESP	d) System zur Verhinderung der Blockierneigung der Räder bei Vollbremsung.
5. AFS	e) Lichtsystem, dass sich an die Fahrbahngegebenheiten, Geschwindigkeit und Schlechtwettersituation anpasst.

Situation zu den Fragen 4 - 6
Sie beraten einen Kunden bei der Auswahl neuer Reifen.

Frage 4: Ein Kunde möchte von Ihnen wissen, was einen Winterreifen von einem Sommerreifen unterscheidet.

Frage 5: Aus dem Kfz-Schein können Sie folgende Angaben entnehmen: 215/15 R17 99V
Was bedeuten diese Angaben?

Frage 6: Wie kann man das Alter des Reifens herausfinden?

Situation zu den Fragen 7 - 10
Frau Schwarz hat nach einer Inspektion Fragen zur Rechnung an Sie.

Frage 7: Sie wundert sich, dass die Bremsflüssigkeit ausgetauscht wurde. Erklären Sie den 2-Jahres-Rhythmus.

Frage 8: Es wurden Arbeiten an den Ventilen durchgeführt. Welche Bauteile gehören zur Ventilsteuerung? 2 richtige Antworten

a) Nockenwelle b) Kupplung c) Kurbelwelle d) Ein- und Auslassventil

Frage 9: Auf der Rechnung erscheint ein Ölwechsel mit „Longlife Öl". Frau Schwarz kennt dieses Öl nicht. Erklären Sie es ihr.

Frage 10: Bei der nächsten Inspektion soll der Zahnriemen gewechselt werden. Erklären Sie Frau Schwarz, welche Aufgabe der Zahnriemen hat und weshalb ein Wechsel nach Herstellerangaben dringend empfohlen wird.

Situation zu den Fragen 11 - 13
Herr Stolpe möchte sich vor dem Kauf eines Neuwagens bei Ihnen über alternative Antriebstechniken informieren.

Frage 11: Was kennzeichnet einen Hybridantrieb? 2 richtige Antworten

a) Beim Hybridantrieb kommen 2 verschiedene Antriebsarten zum Einsatz. In der Regel Verbrennungsmotor und Elektromotor.
b) Bei Hybridfahrzeugen muss immer eine Ladestation in der Nähe vorhanden sein.
c) Beim Bremsen wird zusätzliche Energie gewonnen, die in Batterien gespeichert wird.
d) Beim Plug-in Hybrid wird die Elektroenergie nur zur Unterstützung bei der Beschleunigung genutzt.

Frage 12: Der Nachbar von Herrn Stolpe fährt mit Autogas. Welche Aussagen dazu sind richtig? 2 richtige Antworten

a) Bei Autogastechnologie wird Wasserstoff und Sauerstoff zu Wasser umgewandelt und dabei Strom produziert.
b) Autogas ist auch bekannt als LPG (Liquified Petroleum Gas).
c) Autogas ist ein unter Druck verflüssigtes Gemisch aus Propan und Butan, das bei der Erdöl- und Erdgasförderung sowie in Erdölraffinerien anfällt.
d) Eine Nutzung von herkömmlichen Verbrennungsmotoren ist bei Autogas nicht möglich.

Frage 13: Herr Stolpe möchte wissen, wie die Regelungen für die Hauptuntersuchung (HU) sind.

Frage 14: Nennen Sie je 3 Vorteile von Scheibenbremsen und Trommelbremsen.

Frage 15: Pkw sind durch das Kraftfahrtbundesamt in verschiedene Klassen unterteilt. Nennen Sie mindestens 8 Klassen mit jeweils 2 Beispielen. Beginnen Sie mit der kleinsten Kraftfahrzeugklasse.

Lösungen zu Fragenblock H

Frage 1:

Vorteile Ottomotor	Vorteile Dieselmotor
Günstiger in der Anschaffung (Preis) Saubere Verbrennung Geringes Gewicht Niedrige Kfz-Steuer Servicefreundlich	Geringer Verbrauch Höheres Drehmoment (Durchzugskraft) Geringerer Kohlenstoffdioxid Ausstoß (CO_2) Langlebig und robust Kraftstoff günstig (durch Dieselsubvention)

Frage 2: Es findet die gleichzeitige Umwandlung von 3 Schadstoffen statt:
✓ Unverbrannte Kohlenwasserstoffe (HC) in Kohlendioxid (CO_2) und Wasserdampf (H_2O)
✓ Kohlenmonoxid (CO) in Kohlendioxid (CO_2)
✓ Stickoxide (NO, NO_2) in Stickstoff (N) und Sauerstoff (O_2)

Frage 3: 1c, 2d, 3b, 4a, 5e

Frage 4:
- Winterreifen haben eine andere Gummimischung, bleiben bei Kälte geschmeidig und haften somit bei Temperaturen unter 7°C besser.
- Das Profil von Winterreifen zeichnet sich durch sogenannte Lamellen aus (kleine Profileinschnitte), die sich mit Schnee und Eis verzahnen und ein Rutschen verhindern.
- Das Profil ist mit blockartigem Aufbau für den Winterbetrieb ausgelegt.

Frage 5:
215 = Reifenbreite in mm
15 = Verhältnis von Höhe zu Breite des Reifenquerschnittes in Prozent
R = Reifenbauart, in diesem Fall „Radial“
17 = Felgendurchmesser, meist in Zoll
99 = Tragfähigkeitsindex, in diesem Fall 775 kg
V = Geschwindigkeitsindex, in diesem Fall 240 km/h Höchstgeschwindigkeit

Frage 6: Auf der Reifenflanke ist die DOT-Nummer aufgedruckt. „DOT“ steht für „Department of Transportation“. Die erste beiden Ziffern geben die Produktionswoche, die letzten beiden das Produktionsjahr an. Der Reifen mit der Aufschrift DOT 0718 wurde beispielsweise in der 7. Kalenderwoche 2018 produziert.

Frage 7: Bremsflüssigkeit ist sehr stark hygroskopisch, d.h. sie neigt dazu, Wasser aufzunehmen. Beim Bremsen erhitzt sich das Bremssystem und damit die Bremsflüssigkeit so sehr, dass das in der Bremsflüssigkeit angesammelte Wasser siedet und sich Dampfblasen bilden. Diese Blasen lassen sich beim Bremsen komprimieren. Dadurch verliert man mit steigendem Wasseranteil an Bremsdruck.

Frage 8: a, d

Frage 9: Longlife-Öle sind in Fahrzeugen mit Longlife-Service vorgeschrieben. Dabei berechnet ein Steuergerät anhand der Daten verschiedener Sensoren (für Ölstand, Bremsenverschleiß, Geschwindigkeit, Verbrauch, Drehzahl) die Motorbelastung und dementsprechend den nächsten Inspektionstermin. So sind längere Wartungsintervalle möglich.

Longlife-Öle zählen üblicherweise ebenfalls zu den Leichtlauf-Schmierstoffen, meist im SAE-Bereich 0W-30 oder SAE 0W-40.

Frage 10: Der Zahnriemen wird von der Kurbelwelle angetrieben und steuert die Nockenwelle. Durch die Nockenwelle werden die richtigen Ventile zum richtigen Zeitpunkt geöffnet.

Wenn der Zahnriemen reißt, können Ventile und Kolben hart aufeinander schlagen. Die Folge kann ein schwerwiegender und kostenintensiver Motorschaden sein.

Frage 11: a, c

Frage 12: b, c

Frage 13: Es gelten die normalen Regeln für die Hauptuntersuchung. Neufahrzeuge müssen das erste Mal nach 3 Jahren zur HU. Danach alle 2 Jahre. Für die Abgasuntersuchung bei Otto- und Dieselmotoren gelten die gleichen Fristen.

Frage 14:

Vorteile Scheibenbremse	Vorteile Trommelbremse
- Bremsverhalten gleichmäßig und besser dosierbar. - Bessere Wärmeableitung (kein Bremsfading). - Austausch von Bremsbelegen einfach. - Leichter im Gewicht.	- Günstig in der Herstellung. - Einfache Kombination mit Handbremse möglich. - Durch geschlossene Felge wenig Bremsstaub auf der Felge.

Frage 15:

Fahrzeugklasse	Beispiele
1. Kleinstwagen (Minis)	VW Up, Fiat 500, Opel Adam, Smart
2. Kleinwagen	Skoda Fabia, VW Polo, Opel Corsa, Mini
3. Kompaktklasse	VW Golf, Audi A3, Ford Focus, Skoda Oktavia
4. Mittelklasse	BMW 3er-Reihe, Audi A4, Opel Insignia, VW Passat
5. Obere Mittelklasse	Mercedes E-Klasse, Audi A6, Volvo V90, BMW 5er-Reihe
6. Oberklasse	Mercedes S-Klasse und CLS, Audi A8, BMW 7er-Reihe,
7. Sportwagen	Porsche 911, Mercedes SLC, Audi TT
8. Mini-Van	Mercedes B-Klasse, Renault Scénic, Ford C-Max, Peugeot 3008
9. Großraum-Van	VW Touran, Opel Zafira, VW Sharan, Mercedes V-Klasse
10. Geländewagen (SUV)	VW T-Roc, Nissan Qashqai, Ford Kuga, BMW X4
11. Utilities	VW Caddy, Ford Transit, Citroën Berlingo, Dacia Dokker
12. Wohnmobile	Fiat Ducato, Citroën Jumper, Ford Transit

I. Einkauf und Beschaffung

Situation zu den Fragen 1 - 3
Die Einkaufskosten für eine Produktgruppe sind in der letzten Zeit stark gestiegen.

Frage 1: Wie können Sie Informationen über andere Lieferanten bekommen? Unterscheiden Sie dabei zwischen internen und externen Informationsquellen.

Frage 2: Was bedeutet der Vermerk „freibleibend" der Firma Müller GmbH auf einem Angebot?

Frage 3: Welche Bedeutung hat der Bestellzeitpunkt für den Einkauf?

Situation zu den Fragen 4 - 6
Das Unternehmen Auto Stoss GmbH hat seinen Sitz in Lübeck.
Sie erhalten per Post ein schriftliches Angebot der Firma Werkstattzubehör Schraube GmbH & Co. KG mit Sitz in Hamburg für 6 neue Schlagschrauber.

Frage 4: Wie lange ist dieses Angebot gültig, wenn keine Frist genannt ist?

Frage 5: Wo ist der Erfüllungsort für die Lieferung, wenn dazu keine Angaben gemacht sind?

Frage 6: Was besagt der Begriff „Erfüllungsort" für Kaufleute?

Frage 7: In Angeboten ist häufig folgender Satz zu finden: „Die Ware bleibt bis zur vollständigen Bezahlung Eigentum des Verkäufers". Welche Auswirkungen hat diese Klausel? 2 richtige Antworten

a) Der Verkäufer und der Käufer werden je zur Hälfte Eigentümer der Ware.
b) Der Verkäufer bleibt Besitzer der Ware, der Käufer wird nur Eigentümer.
c) Der Verkäufer bleibt Eigentümer der Ware, der Käufer lediglich Besitzer.
d) Wenn der Käufer seinen Zahlungsverpflichtungen nicht nachkommt, kann der Verkäufer die Herausgabe der Ware verlangen.

Frage 8: Es ist eine Lieferantenrechnung über den Betrag von 24.000,00 Euro eingegangen. Zahlungsbedingungen: Zahlbar sofort abzüglich 3 % Skonto oder in 30 Tagen netto Kasse. Um Skonto auszunutzen, muss ein Bankkredit zu einem Zinssatz von 10 % aufgenommen werden. Lohnt sich die Zahlung mit Skonto für den Betrieb?

Frage 9: Erklären Sie die Begriffe Sortimentstiefe, Randsortiment, Sortimentsbereinigung mit je einem Beispiel.

Situation zu den Fragen 10 - 12
Ihnen werden folgende Zahlen aus der Gebrauchtwagensparte zur Verfügung gestellt:

Jahresziel: 250 gebrauchte Kfz
Durchschnittliche Standzeit: 45 Tage
Durchschnittlicher Einstandspreis: 8500,00 €

Frage 10: Wie hoch sind die täglichen Ausgaben?

Frage 11: Berechnen Sie den Kapitalbedarf.

Frage 12: Das Angebot an gebrauchten Autos soll erhöht werden. Nennen Sie 4 Möglichkeiten, wie die Anzahl erhöht werden kann.

Frage 13: Erklären Sie den Begriff „Agenturgeschäft" beim Gebrauchtwagenverkauf.

Frage 14: Wieso wird der Liefertermin bei der Auslieferung von Neuwagen vom Autohaus nicht verbindlich festgelegt?

Frage 15: Welche Aussagen zur „Homologation" sind richtig? 2 richtige Antworten

a) Die Homologation ist ein überstaatliches System für die Zulassung von Fahrzeugen und Fahrzeugteilen.
b) Autoreifen sind von der Homologation ausgenommen.
c) Fahrzeuge mit „COC-Dokument" werden in allen fortschrittlichen Ländern der Welt problemlos zugelassen.
d) Das „COC-Dokument" kann für die Zulassung des Kfz notwendig sein.

Lösungen zu Fragenblock I

Frage 1:

Interne Informationsquellen	Externe Informationsquellen
Lieferantenkartei / Artikelkartei	Internetrecherche mit Suchmaschinen
Außendienstberichte	Online-Datenbanken externer Anbieter
Recherche in vorliegenden Dokumenten (z. B. Rechnungen, Bestellungen, Listen)	Lieferantenbesuche und -befragung Messebesuche und Informationsreisen
Recherche im firmeninternen Intranet	Fachzeitungen und Fachzeitschriften

Frage 2: Mit dieser Freizeichnungsklausel schließt die Firma Müller GmbH eine rechtliche Bindung an das Angebot aus.

Frage 3: Der Bestellzeitpunkt hat eine große Bedeutung. Zu berücksichtigen sind z. B. Preiserhöhungen, Sonderangebote, Änderungen bei den Konditionen.

- Beschaffung zu früh: Es entstehen zusätzliche Lagerkosten.
- Beschaffung zu spät: Es entstehen Fehlmengenkosten, z. B. durch entgangenen Gewinn.

Frage 4: Das Angebot gilt so lange, wie unter normalen Umständen eine Antwort zu erwarten ist (ca. 1 Woche).

Frage 5: Der Erfüllungsort ist Hamburg (Warenschulden sind Holschulden).

Frage 6: Erfüllungsort ist der Ort, an dem der Schuldner seine Leistung erbringt.

Frage 7: c, d

Frage 8:

	24.000,00 €
- (3 % Skonto)	720,00 €
=	23.280,00 €

$$\text{Zinsen} = \frac{\text{Kapital x Zinssatz x Tage}}{100 \text{ x } 360} = \frac{23.280{,}00 \text{ x } 10 \text{ x } 30}{100 \text{ x } 360} = 194{,}00\ €$$

Skontoertrag	720,00 €
- Kosten Bankkredit	194,00 €
= Gewinn	**526,00 €**

Die Zahlung mit Skonto lohnt sich. Es werden 526,00 € gespart.

Frage 9:

Sortimentstiefe:	Auswahl an Artikeln innerhalb einer Warengruppe. Beispiel: In einem Autohaus werden 8 verschiedene Fahrradträger für Anhängerkupplungen angeboten.
Randsortiment:	Das Kernsortiment wird mit fremden Waren ergänzt. Beispiel: Es werden zusätzlich Fahrräder verkauft.
Sortimentsbereinigung:	Das bisherige Sortiment wird um Artikel oder Sorten verringert. Beispiel: Schließung des Verkaufs / Verleihs von Anhängern.

Frage 10:

$$\frac{\text{Durchschnittlicher Einstandspreis x Jahresziel}}{360} = \text{tägliche Ausgaben}$$

$$\frac{8500.00{,}00 \text{ € x } 250 \text{ Kfz}}{360 \text{ Tage}} = \mathbf{5902{,}78 \text{ € pro Tag}}$$

Frage 11: Durchschnittliche Standzeit x tägliche Ausgaben = Kapitalbedarf

45 Tage x 5902,78 € **= 265.625,10 €**

Frage 12:
- ✓ Anbieten von Jahreswagen und Mitarbeiterwagen
- ✓ Aktiver Zukauf auf dem Gebrauchtwagenmarkt
- ✓ Kooperationen mit anderen Gebrauchtwagenhändlern
- ✓ Anbieten von Inzahlungnahme auch für den Erwerb von Gebrauchtwagen (Gebraucht gegen Gebraucht)
- ✓ Teilnahme an Gebrauchtwagen-Tauschsystemen
- ✓ Ankauf gebrauchter Fahrzeuge bei Autovermietern

Frage 13: Der Kfz-Händler verkauft das gebrauchte Kfz in fremdem Namen und für fremde Rechnung. Er ist lediglich Vermittler und erhält vom Verkäufer oft eine Verkaufsprovision.

Frage 14: Bei einem verbindlichen Liefertermin gerät der Händler sofort in Verzug, wenn er nicht zum vereinbarten Datum liefert.

Bei einer unverbindlichen Lieferfrist hat der Händler die Möglichkeit, die vereinbarte Frist um bis zu sechs Wochen zu überschreiten. Erst dann kann der Kunde Rechte aus Lieferungsverzug in Anspruch nehmen.

Frage 15: a, d

J. Lagerwirtschaft

Frage 1: Zählen Sie 5 Funktionen der Lagerhaltung im Allgemeinen auf.

Situation zu den Fragen 2 - 4
Sie sind für die Warenannahme tätig.

Frage 2: Welche Kontrollen sind bei Wareneingang in Anwesenheit des Zustellers durchzuführen?

Frage 3: Sie stellen bei der Sichtprüfung fest, dass 3 Kartons einer Lieferung beschädigt sind. Wie verhalten Sie sich?

Frage 4: Welche Kontrollen werden durchgeführt, nachdem der Zusteller sich verabschiedet hat? Welche Mängel werden dabei unterschieden?

Frage 5: Welche Vorteile hat das Festplatzsystems gegenüber dem Freiplatzsystem?

Frage 6: Nennen Sie 5 Sicherheitsvorschriften bei Bodenlagerung.

Frage 7: Was zeichnet dynamische Regale aus? Geben Sie 3 Beispiele.

Frage 8: Welche Rechte ergeben sich für den Käufer aus einer mangelhaften Lieferung?

Situation zu den Fragen 9 - 10
Sie sind mit der Durchführung der Inventur beauftragt.

Frage 9: Erklären Sie folgende Inventurarten:
Stichtagsinventur, Buchinventur, permanente Inventur und Stichprobeninventur.

Frage 10: Wie kann es zu Inventurdifferenzen kommen?

Frage 11: Welche Aussagen zur ABC-Analyse sind richtig? 2 richtige Antworten

a) A-Güter sind teuer und sollten daher besonders beobachtet und gepflegt werden.
b) B-Güter haben den wertmäßig höchsten Anteil am Gesamtvolumen.
c) Der Aufwand bei der Bestellung von C-Gütern sollte besonders hoch sein.
d) Der Kontrollaufwand von C-Gütern sollte in Grenzen gehalten werden.

Frage 12: Was ist bei der Lagerung von brennbaren Flüssigkeiten zu beachten?
2 richtige Antworten

a) Es sollte ein Überdruck hergestellt werden.
b) Für diese Stoffe muss eine Betriebsanweisung erstellt werden.
c) Bei Abfüllarbeiten muss das entstehende Luftgemisch entsprechend abgeleitet werden.
d) Bei Abfüllarbeiten sollte mit Druck gearbeitet werden.

Lösungen zu Fragenblock J

Frage 1:

Ausgleichsfunktion / Überbrückungsfunktion: Zeitliche und mengenmäßige Überbrückung der Zeiträume z. B. zwischen Einkauf und Produktion.
Sicherheitsfunktion: Schutz vor Lieferengpässen.
Reifungs- bzw. Veredelungsfunktion: Erhöhung der Qualität (z. B. Trocknung von Holz, Whisky-Lagerung).
Preisausgleichsfunktion: Ausgleich von größeren Preisschwankungen.
Umformungsfunktion: Mischen und Umfüllen in kleinere/größere Gebinde.

Frage 2:
✓ Lieferadresse überprüfen.
✓ Liefertermin überprüfen.
✓ Anzahl der Packstücke (nicht der Einheiten) überprüfen.
✓ Verpackung und auch unverpackte Waren auf äußere Schäden sichten und Beschädigungen festhalten.

Frage 3: Sie dokumentieren die Transportschäden und lassen sich dies durch eine Unterschrift des Zustellers bestätigen. Zusätzlich können noch Fotos gemacht oder Skizzen angefertigt werden.

Frage 4: Auspacken und Prüfung auf offene Mängel:
- Mängel in der Art (Identität)
- Mängel in der Menge (Quantität)
- Mängel in der Güte (Qualität)
- Mängel in der Beschaffenheit

Frage 5:
✓ Gute Lagerübersicht wegen gleichbleibender Lagerplätze
✓ Senkung der Abhängigkeit von der EDV
✓ Möglichkeit der Sortierung nach Art und Umschlaghäufigkeit

Frage 6: Für die Bodenlagerung gilt:
✓ Schwere Lasten unten, leichte Lasten oben lagern.
✓ Neigung des Stapels um nicht mehr als 2 %.
✓ Verkehrswege für Fußgänger zwischen den Stapeln müssen mindestens 1,25 m in der Breite betragen.
✓ Max. 5 Gitterboxpaletten übereinander stapeln.
✓ Ladegut auf Paletten muss tragfähig sein.

Frage 7: Bei der dynamischen Lagerung werden Waren automatisiert bewegt. Beispiele: Durchlaufregal, Verschieberegal, Umlaufregale (Paternoster, Karussellregal, Turmregal)

Frage 8:

Recht auf Nacherfüllung:
Nachbesserung bei Gattungsware oder Stückkauf oder Ersatzlieferung

Recht auf Rücktritt vom Kaufvertrag:
Vorher muss dem Verkäufer die Möglichkeit der Nacherfüllung eingeräumt werden.

Recht auf Minderung:
Der Kaufpreis wird entsprechend des Mangels gemindert.

Recht auf Schadensersatz / Ersatz vergeblicher Aufwendungen:
Voraussetzung ist, dass der Käufer eine angemessene Nachfrist zur Nacherfüllung gesetzt hat und diese erfolglos abgelaufen ist. Darüber hinaus muss dem Verkäufer beim Zugang der Fristsetzung deutlich werden, dass der Käufer nach Ablauf dieser Frist einen Schadensersatz verlangen wird.

Frage 9:

- Stichtagsinventur: Inventur zum Bilanzstichtag
- Buchinventur: Erfassung aller nicht körperlichen Gegenstände, z. B. Forderungen, Verbindlichkeiten.
- Permanente Inventur: Die Bestände werden nicht an einem bestimmten Tag, sondern permanent aufgenommen. Am Bilanzstichtag werden die Bestände aus der buchmäßigen Bestandsfortschreibung in das Inventar übernommen.
- Stichprobeninventur: Nur die wenigen hochwertigen Artikel werden als Vollerhebung gezählt. Ein Großteil des Lagerwertes ist damit bereits erfasst. Aus dem Restbestand entnimmt man nach dem Zufallsprinzip eine Stichprobe, aus der anschließend der Gesamtbestand hochgerechnet wird.

Frage 10:

Fehler bei der Bestandsaufnahme, z. B. Zählfehler
Schwund, Verderb
Diebstahl
Fehlerhafte Erfassung von Warenausgängen
Fehlerhafte Erfassung von Wareneingängen

Frage 11: a, d

Frage 12: b, c

K. Marketing

Situation zu den Fragen 1 - 4
Das Autohaus Hanse GmbH am Stadtrand von Hannover überlegt, neben dem angebotenen Reifenwechsel im Herbst und Frühjahr auch mit einem neuen „Reifenhotel" die Lagerung von Sommer- und Winterreifen verstärkt anzubieten.

Frage 1: Der Geschäftsführer möchte eine Marktanalyse durchführen. Was ist der Unterschied zur Marktbeobachtung?

Frage 2: Welche Gefahren können bei der Aufstellung einer Marktprognose entstehen?

Frage 3: Erklären Sie die Begriffe „Sekundärforschung" und „Primärforschung".

Frage 4: Bei der Erstellung einer Mailingaktion zur Vorstellung des neuen Reifenhotels soll die „AIDA Formel" Anwendung finden. Wofür steht diese Formel?

Frage 5: Ordnen Sie folgende Begriffe aus dem Marketing Bereich zu.

1. Corporate Design	a) Verkaufsförderung (oft für ein bestimmtes Produkt).
2. Corporate Identity	b) Blickfang, Gestaltungselement, das Aufmerksamkeit erregt.
3. Sales Promotion	c) Unternehmensphilosophie, die in allen Bereichen angewandt wird.
4. Eye-Catcher	d) Erscheinungsbild einer Firma, z. B. Firmenfarben werden bewusst und häufig verwendet.

Frage 6: Was ist unter „Public Relations" zu verstehen? Nennen Sie 3 Beispiele für PR-Maßnahmen im Automobilgeschäft.

Situation zu den Fragen 7 - 10
Sie arbeiten als Automobilkauffrau bei Nissan Kröger. Das Autohaus möchte seinen Umsatz im Werkstattbereich erhöhen und bietet jetzt auch Inspektionen und Reparaturen für andere Automarken an.

Frage 7: Nennen Sie 6 Werbemittel, die sich dafür eignen.

Frage 8: Was wird als Werbeträger bezeichnet? Geben Sie 4 Beispiele.

Frage 9: Welche Grundsätze sollten bei der Werbung beachtet werden?

Frage 10: Es soll ein Werbeplan erstellt werden. Nennen Sie 4 Punkte, die in einen Werbeplan gehören.

Frage 11: Nennen Sie vier Hauptbestandteile des „Marketing-Mix".

Frage 12: Sie sind für die Pflege der Verkaufsregale zuständig. Welche Aussagen dazu sind richtig? 2 richtige Antworten

a) Die Reckzone ist die verkaufsschwächste Regalzone.
b) Hochpreisige Artikel kann man gut in der Sichtzone platzieren.
c) In der Bückzone sind teure Produktalternativen zu deponieren.
d) Zusammenhängende oder sich ergänzende Artikel sollten im Verbund platziert werden.

Frage 13: Wie lautet die jeweilige rechtliche Grundlage für:
- Die Nennung von Bruttopreisen gegenüber Endverbrauchern?
- Das Verbot von Werbung, in denen ein Mitbewerber verunglimpft wird?
- Die Regelungen für den Verkauf und die Beratung an Sonn- und Feiertagen?

Situation zu den Fragen 14 - 15
Die Westcar GmbH & Co. KG möchte ein Qualitätsmanagementsystem einführen.

Frage 14: Was soll damit erreicht werden? Nennen Sie 5 Ziele.

Frage 15: Was bedeutet der Begriff Zertifizierung?

Lösungen zu Fragenblock K

Frage 1:
Marktanalyse ist die Analyse vorhandener Marktdaten zu einem bestimmten Zeitpunkt.

Marktbeobachtung betrachtet die laufenden Veränderungen des Marktes über einen gewissen Zeitraum.

Frage 2: Einflussfaktoren können falsch eingeschätzt werden. Die Prognose ist unsicher, da die Entwicklung in der Zukunft nur geschätzt werden kann. Somit besteht die Gefahr von Fehlinvestitionen.

Frage 3:
Sekundärforschung ist die Beschaffung, Verarbeitung und Auswertung von bereits existierendem Datenmaterial, z. B. Umsatzzahlen, Statistiken der Verbände,…

Primärforschung ist die neue und erstmalige Beschaffung, Verarbeitung und Auswertung noch nicht erfasster Daten.

Frage 4:
A = Attention - Aufmerksamkeit erregen.
I = Interest - Interesse am Produkt wecken.
D = Desire - Wünsche des Kunden wecken.
A = Action - Kauf auslösen.

Frage 5: 1d, 2c, 3a, 4b

Frage 6: PR hat das Ziel, das Ansehen des Unternehmens in der Öffentlichkeit zu verbessern. Das Unternehmen als Ganzes steht im Vordergrund. Wichtig ist, dass Medien mit eingebunden werden.
Beispiele: Sponsoring einer Jugendmannschaft des Handballvereins, Tag der offenen Tür im Autohaus, Spenden für gemeinnützige Zwecke, …

Frage 7:

Anzeigen in der örtlichen Zeitung	Prospekte mit der neuen Dienstleistung
Werbebriefe und Postsendungen	**Werbesendung im Rundfunk (Regional)**
Handzettel	Plakate in der Stadt
Kinowerbung	**Internetwerbung**

Frage 8: Unter Werbeträger versteht man das Medium zur Übertragung der Werbebotschaft.
Beispiele: Zeitung, Hörfunk, Litfaßsäulen, Internet, Fachzeitung, …

Frage 9:

✓ Werbewirksamkeit: Beim Kunden soll eine Wirkung erzielt werden.
✓ Werbewahrheit: Die Werbung soll richtige Informationen vermitteln.
✓ Werbeklarheit: Dem Kunden soll eine klare Botschaft vermittelt werden.
✓ Wirtschaftlichkeit: Das Kosten-Nutzen-Verhältnis der Werbung soll stimmen.

Frage 10:

Streukreis:	Wer wird umworben?
Streugebiet:	Wo wird geworben (Gebiet)?
Streuzeit:	Wann wird geworben und wie lange?
Werbeetat (Werbebudget):	Wie viel Geld wird für die Werbung ausgegeben?
Streuweg:	Wie wird geworben (Werbemittel und Werbeträger)?

Frage 11:

- Produktpolitik (Produktgestaltung, Produktvariationen, ...)
- Preis- und Konditionenpolitik (Preisfestsetzung, Preisdifferenzierung, ...)
- Distributions- und Vertriebspolitik (direkter Absatz, indirekter Absatz, ...)
- Kommunikationspolitik (Wirtschaftlichkeit, Klarheit, Wahrheit, ...)

Frage 12: b, d

Frage 13:

Die Preisangabenverordnung (PAngV) bestimmt die Nennung von Bruttopreisen gegenüber Endverbrauchern.

Das Gesetz gegen unlauteren Wettbewerb (UWG) regelt das Verbot von Werbung, in denen ein Mitbewerber verunglimpft wird.

Die möglichen Öffnungszeiten sind im Ladenschlussgesetz (LadSchlG) geregelt.

Frage 14:

Gesteigerte Wirtschaftlichkeit und Rentabilität	Klare Abläufe (Fehlerminimierung)
Kontinuierliche Verbesserung	Einbeziehung der Mitarbeiter (Motivation)
Kundenorientierung	Erhöhung der Sicherheit
Imageverbesserung des Unternehmens	

Frage 15: Die **Zertifizierung** legt die Mindestanforderungen an ein Qualitätsmanagementsystem fest, die von Unternehmen umzusetzen sind. Ein wesentlicher Grundsatz der ISO 9001 ist die Prozessorientierung. Ein prozessorientiertes QM-System begleitet alle wesentlichen betrieblichen Prozesse und stellt diese auf den Prüfstand.

L. Serviceleistungen 1

Situation zu den Fragen 1 - 5
Tim Struwe kommt wegen einer Inspektion zu Ihnen ins Büro. Sie bitten ihn, mit seinem 12 Jahre alten Gebrauchtwagen direkt zum Meister in die Direktannahme zu fahren.

Frage 1: Welche Vorteile hat die Direktannahme für den Kunden?

Frage 2: Bei der Annahme stellen sich Schäden an der Lenkung und an den Bremsen heraus. Erklären Sie in dem Zusammenhang den Begriff „zeitwertgerechte Reparatur".

Frage 3: Ordnen Sie die Arbeiten der entsprechenden Inspektion zu.

1. Wechsel Öl und Ölfilter 2. Zündkerzenwechsel 3. Kontrolle des Kühlwassers 4. Wechsel des Zahnriemens 5. Wartung der Bremsanlage 6. Lichtprüfung 7. Motorwäsche	a) Kleine Inspektion b) Zusätzlich bei einer großen Inspektion c) Nicht Bestandteil einer Inspektion

Frage 4: Tim Struwe fragt, ob nicht eine Abwicklung über die „Gewährleistung" möglich wäre? Erklären Sie kurz die Begriffe Gewährleistung, Garantie und Kulanz.

Frage 5: Welche Aussagen sind richtig? 2 richtige Antworten

a) Die Ansprüche aus Gewährleistung sind im BGB geregelt.
b) Die Garantie auf Neuwagen beträgt 2 Jahre ohne Kilometerbegrenzung.
c) In den ersten 6 Monaten gilt bei der Gewährleistung beim Verbrauchsgüterkauf die Beweislastumkehr, d. h. der Verkäufer muss beweisen, dass der Mangel beim Verkauf nicht vorlag.
d) Für die Erhaltung der Garantie sind die dazu erforderlichen Inspektionen in Vertragswerkstätten durchzuführen.

Situation zu den Fragen 6 - 9
Sina Sommer hatte mit ihrem Wagen einen Unfall. Ein junger Mann hat ihr die Vorfahrt genommen. Sie möchte von Ihnen Informationen zum weiteren Vorgehen.

Frage 6: Sie möchte wissen, ob ein Gutachter eingeschaltet werden muss?

Frage 7: Welche Positionen enthält ein Gutachten zusätzlich gegenüber einem Kostenvoranschlag? Nennen Sie 4 Positionen.

Frage 8: Welche Aufgabe hat eine Reparaturkostenübernahmeerklärung?

Frage 9: Frau Sommer braucht den Wagen, um zur Arbeit zu kommen. Sie fragt nach, ob sie ein Recht auf einen Mietwagens hat. Welche Informationen können Sie ihr geben?
2 richtige Antworten

a) Ein Anspruch besteht nur, wenn die Entfernung von Arbeitsort zu Wohnort mindestens 50 km beträgt.
b) Die Anmietung des Mietwagens muss durch Frau Sommer selber geschehen. Sie können aber eine Mietwagenfirma empfehlen.
c) Bei dem Mietwagen sollte es sich um ein „gleichwertiges" Fahrzeug handeln.
d) Leider darf die Werkstatt aus rechtlichen Gründen in diesem Fall kein Leihfahrzeug zur Verfügung stellen.

Situation zu den Fragen 10 - 13
Jens Jansen möchte für den Austausch seines Motors einen Kostenvoranschlag haben.

Frage 10: Für die Erstellung des Kostenvoranschlages erhebt das Autohaus Kröger eine Gebühr von 20,00 €. Ist das erlaubt? Darf die Rechnungssumme den Kostenvoranschlag überschreiten?

Frage 11: Für den Austausch des Motors soll der Wagen am Dienstagmorgen abgegeben werden. Die Abholung kann ab Mittwochnachmittag erfolgen. Nennen Sie 3 Serviceleistungen, die Sie Herrn Jansen anbieten können.

Frage 12: Bei der anschließenden Reparatur wird ein überarbeiteter Austauschmotor zum Preis von 2500,00 € netto eingebaut. Als Arbeitslohn werden 350,00 € netto vereinbart. Erstellen Sie die entsprechenden Rechnungspositionen unter Berücksichtigung des Altteilwertes.

Frage 13: Wie lauten die Gewährleistungsfristen bei dem Austauschmotor? 1 richtige Antwort

a) 6 Monate nach der Regelung für Austauschteile.
b) 1 Jahr
c) 1,5 Jahre
d) 2 Jahre. Da es sich um Gebrauchtteile handelt, kann die Frist auf 1 Jahr reduziert werden.

Frage 14: Was sind interne Aufträge?

Frage 15:

Ein Kunde möchte seine Reparaturrechnung mit Kreditkarte bei Ihnen bezahlen und bezieht sich dabei auf dieses Symbol.

Was antworten Sie dem Kunden?

Lösungen zu Fragenblock L

Frage 1:
✓ Sofortige Diagnose am Fahrzeug
✓ Verständliche Erklärung notwendiger Arbeitsschritte direkt am Fahrzeug
✓ Rechtzeitiges Erkennen von weiteren Mängeln
✓ Auftretende Fragen können direkt fachkundig beantwortet werden.

Frage 2: Bei älteren Autos stellt sich die Frage, ob sich eine teure Reparatur überhaupt noch lohnt. Hierfür eignen sich „wieder aufbereitete Teile", die qualitativ dem Neuprodukt nicht nachstehen und für die der Hersteller auch eine Garantie einräumt. Oft kann mit diesen Teilen der Preis für die Reparatur gesenkt werden.

Frage 3: 1a, 2b, 3a, 4c, 5b, 6a, 7c

Frage 4:

Gewährleistung: Gesetzliche Verpflichtung des Verkäufers, die Kaufsache in fehlerfreiem Zustand zu übergeben. Auftretende Fehler berechtigen den Käufer, sog. Rechte auf Nacherfüllung (z. B. Reparatur) geltend zu machen. Die Gewährleistungsfrist beträgt innerhalb der EU 2 Jahre ab Übergabe. Somit ist die Frist in diesem Fall schon lange abgelaufen.

Garantie: Freiwilliges Versprechen eines Verkäufers, für bestimmte Fehler einzustehen und diese nachzubessern. Im Unterschied zur Gewährleistung bezieht sich die Garantie auch auf Fehler, die erst nach der Übergabe auftreten.

Kulanz: Entgegenkommen des Verkäufers bei auftretenden Mängeln nach Ablauf einer Gewährleistungs- / Garantiezeit, z. B. Beteiligung an Reparaturen.

Frage 5: a, c

Frage 6: Ab einer voraussichtlichen Schadenssumme über 700,00 € sollte in der Regel ein Gutachter eingeschaltet werden. Dies ist mit der Versicherung abzuklären.

Frage 7:

✓ Bildliche Dokumentation des Gesamtzustandes des Fahrzeugs und der Schäden
✓ Beschreibung des optischen und technischen Zustands des Fahrzeugs
✓ Aufführen von Serien- und Sonderausstattung / Spezialumbauten
✓ Dokumentation reparierter und nicht reparierter Vorschäden
✓ Ermitteln der Wertminderung
✓ Ermitteln des Nutzungsausfalls
✓ Angaben zur Verkehrssicherheit und Fahrtüchtigkeit des Unfallfahrzeugs
✓ Benennung von Risiken hinsichtlich der Ausweitung von Reparaturkosten

Frage 8: Mit Hilfe der Reparaturkostenübernahmeerklärung (RKÜ) erhält die Werkstatt von der gegnerischen Versicherung eine Bestätigung, dass die Reparaturkosten übernommen und direkt an die Werkstatt gezahlt werden.

Das Formular sollte gleich bei Anlieferung des Unfallwagens ausgefüllt und vom Kunden unterschrieben werden.

Frage 9: b, c

Frage 10: Eine Gebühr für den Kostenvoranschlag ist erlaubt, da die Erstellung auch mit einem Aufwand verbunden ist. Oft wird bei Auftragserteilung die Gebühr mit dem Rechnungsbetrag verrechnet.

Rechtlich ist es grundsätzlich zulässig, dass die endgültige Rechnung 15 bis 20 Prozent vom Kostenvoranschlag abweichen kann. Doch sollten die zuvor bezifferten Kosten überschritten werden, ist die Werkstatt verpflichtet, den Kunden hierüber zu informieren. Dieser hat dann die Wahl, die Reparatur zu den Mehrkosten ausführen zu lassen oder den Vertrag mit der Werkstatt zu kündigen. Die bis dahin erbrachte Reparaturleistung muss er bezahlen.

Frage 11:

Hol- und Bringservice	Kunden-Ersatzwagen	Ersatzmobilität (z. B. Taxigutschein)
Kostenlose Autowäsche	Gleichzeitige Durchführung der Inspektion	

Frage 12:

Austauschmotor	2500,00 €
+ Arbeitslohn	350,00 €
Nettorechnungsbetrag	2850,00 €
+ 19 % Umsatzsteuer	541,50 €
+ 19 % Umsatzsteuer auf Altteilwert (Alteilwert = 10 % des Austauschteils)	47,50 €
Gesamtbetrag	**3439,00 €**

Frage 13: d

Frage 14: Interne Aufträge werden erstellt, wenn die Werkstatt Leistungen für andere Abteilungen erbringt, z. B. Übergabeservice für Neu- und Gebrauchtwagen, Arbeiten an Vorführwagen, Inspektion bei Werkstattersatzwagen, Aufträge für Händlerkulanz.

Frage 15: Das Zeichen steht für „Electronic Cash". Die Bezahlung ist mit der Bankkarte und der dazugehörigen PIN-Nummer möglich. Kreditkarten können leider nicht angenommen werden.

M. Serviceleistungen 2

Situation zu den Fragen 1 - 5
Peter Müller hat einen gebrauchten Pkw bei Ihnen gekauft. Neben einer großen Inspektion wurde auch die Vorstellung zur Hauptuntersuchung vereinbart.

Frage 1: Nennen Sie 4 Prüfinstitute, die eine Hauptuntersuchung durchführen.

Frage 2: Der Pkw hat nur noch einen Monat TÜV. In welchen zeitlichen Intervallen müssen folgende Fahrzeuge zur Hauptuntersuchung (HU): Pkw, Taxen, Mietwagen, Motorräder und Wohnmobile mit einem zulässigen Gesamtgewicht bis 3,5 t?

Frage 3: Die Gebühren für die HU werden dem Kunden nicht zusammen mit der Inspektion, sondern separat in Rechnung gestellt. Begründen Sie.

Frage 4: Sie sollen die Zulassung auf den Namen des Käufers durchführen. Welche Unterlagen / Dinge sollten Sie zur Zulassungsstelle mitnehmen?

Frage 5: Bei der Inspektion wurden Identteile verbaut. Welche Aussage dazu ist richtig?
1 richtige Antwort

a) Identteile tragen das Logo der entsprechenden Automarke.
b) Identteile sind funktions- und baugleich zu den jeweiligen Originalteilen.
c) Identteile werden auch als Nachbauteile bezeichnet.
d) Identteile sind mindestens 35 % günstiger als Originalteile.

Frage 6: Was ist bei einer Hauptuntersuchung unter Sicherheitsprüfung zu verstehen?

Situation zu den Fragen 7 - 8
Vor der Auslieferung eines Gebrauchtwagens werden Sie beauftragt, den Ölstand zu prüfen.

Frage 7: Soll der Ölstand bei kaltem oder warmen Motor kontrolliert werden? Begründen Sie.

Frage 8: Erläutern Sie das Vorgehen bei der Kontrolle.

Frage 9: Ordnen Sie die Bauteile dem entsprechendem System zu.

1. Kurbelwelle 2. Servolenkung 3. Anlasser 4. Motormanagement 5. Druckluftsystem 6. Getriebe 7. Lichtmaschine 8. ABS	a) Elektrik b) Elektronik c) Kraftübertragung d) Hydraulik e) Pneumatik

Frage 10: Im Verkaufsraum werden neue Alufelgen platziert. Laut Verkaufsschild kosten diese 152,00 € zuzüglich Umsatzsteuer. Nehmen Sie dazu Stellung.

Frage 11: Sie erhalten 2 Angebote, die vom Preis her fast gleich sind. Auch die Lieferungs- und Zahlungsbedingungen unterscheiden sich kaum. Nennen Sie 5 weitere Kriterien, die bei der Lieferantenauswahl zu berücksichtigen sind.

Situation zu den Fragen 12 - 14
Sie sind für die Bestellung von Ersatzteilen zuständig. Es liegen folgende Daten für ein bestimmtes Ersatzteil vor:
- Jahresbedarf: 1250 Stück
- Lagerhaltungskosten: 15 %
- Kosten pro Bestellung: 14,00 €
- Kaufpreis: 4,50 €

Frage 12: Berechnen Sie die optimale Bestellmenge.

Frage 13: Wie würde sich eine Erhöhung der Kosten pro Bestellung auf die optimale Bestellmenge auswirken?

Frage 14: Ordnen Sie die Aussagen und Formeln entsprechend zu.

1. Die Bestellung erfolgt zu bestimmten, vorher festgelegen Terminen.	a) Bestellzeitpunktverfahren
2. Täglicher Verbrauch x Lieferzeit + Mindestbestand =	b) Just in Time Lieferung
3. Die Bestellung erfolgt bei Erreichung des Meldebestandes.	c) Bestellrhythmusverfahren
4. Die Lieferung erfolgt genau dann, wenn das Material benötigt wird.	d) Durchschnittlicher Lagerbestand
5. $\frac{\text{Anfangsbestand} + 12\ \text{Monatsendbestände}}{13} =$	e) Meldebestand

Frage 15: Bei der Anlieferung von KFZ-Teilen gilt in Ihrem Betrieb das Fifo-Betrieb. Was hat das zu bedeuten?

Lösungen zu Fragenblock M

Frage 1: TÜV, DEKRA, GTÜ, KÜS

Frage 2:

PKW	36 Monate nach der ersten Zulassung, dann alle 24 Monate
Taxen	Alle 12 Monate
Mietwagen	Alle 12 Monate
Motorräder	Alle 24 Monate
Wohnmobile mit einem zulässigen Gesamtgewicht bis 3,5 t	36 Monate nach der ersten Zulassung, dann alle 24 Monate

Frage 3:
Laut Umsatzsteuerrecht sind die Gebühren für die HU vom Autohaus als durchlaufender Posten zu erfassen. Die Prüforganisation erhält die kompletten Gebühren und führt auch die Umsatzsteuer an das Finanzamt ab.

Frage 4:
✓ Gültiger Personalausweis / Kopie von Peter Müller
✓ Zulassungsbescheinigung Teil 1 und 2 (Kraftfahrzeugbrief/ Kraftfahrzeugschein)
✓ Versicherungsbestätigung (EVB Nummer)
✓ Vollmacht
✓ TÜV Bescheinigung
✓ SEPA-Mandat für die Kfz-Steuer
✓ Kennzeichen bei noch zugelassenen Fahrzeugen
✓ Geld, um die Gebühr zu bezahlen

Frage 5: b

Frage 6: Unter einer Sicherheitsprüfung wird eine Sicht-, Funktions- und Wirkungsprüfung bei Nutzfahrzeugen (KOM, LKW über 7,5 t, Anhänger über 10 t) verstanden. Folgende Bereiche werden untersucht:
- Fahrgestell / Fahrwerk / Aufbau / Verbindungseinrichtung
- Lenkung
- Reifen / Räder
- Bremsanlage (die SP-Bremsenprüfung erfolgt nach EU-Vorgaben)

Frage 7: Der Motor sollte warm sein, sollte also mindestens 10 Kilometer gefahren sein. Nur so kann sich das Motoröl gut in der Ölwanne sammeln.

Frage 8:

1. Auto auf ebener Fläche parken und Motor abstellen.
2. Ca. 2 Minuten warten, damit das warme Motoröl sich in der Ölwanne sammeln kann.
3. Ölmessstab herausziehen und säubern.
4. Ölmessstab nochmals komplett bis zum Anschlag in die Messöffnung stecken und vorsichtig wieder herausziehen.
5. Ölstand messen: Der Ölfilm muss zwischen den Markierungen Min und Max liegen.

Frage 9: 1c, 2d, 3a, 4b, 5e, 6c, 7a, 8b

Frage 10: Nach der Preisangabenverordnung (PAngV) müssen bei Angeboten an den Endverbraucher die Preise inkl. Umsatzsteuer ausgewiesen sein.

Frage 11:

Qualität der Lieferung	Zuverlässigkeit	Garantieleistungen
Kulanz	Sales Promotion	„Ruf" des Lieferanten

Frage 12:
Optimale Bestellmenge:

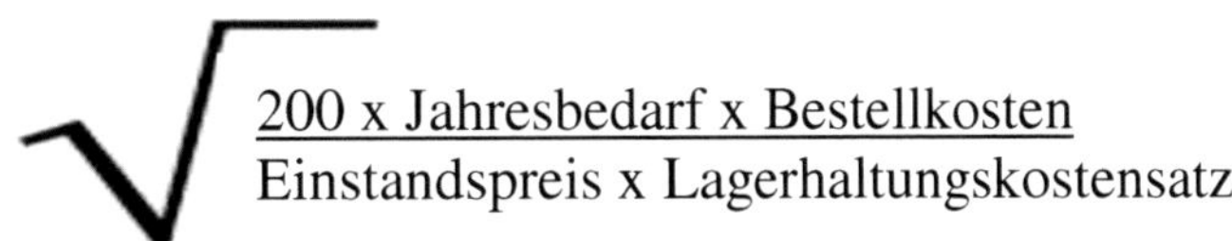

$$\sqrt{\frac{200 \text{ x Jahresbedarf x Bestellkosten}}{\text{Einstandspreis x Lagerhaltungskostensatz}}}$$

$$\sqrt{\frac{200 \text{ x } 1250 \text{ Stück x } 14{,}00\ €}{4{,}50\ € \text{ x } 15\ \%}} = 227{,}71 = \textbf{228 Stück}$$

Frage 13: Die optimale Bestellmenge würde sich erhöhen

Frage 14: 1c, 2e, 3a, 4b, 5d

Frage 15: Fifo-Prinzip: **F**irst **I**n - **F**irst **O**ut. Das Gut, welches als Erstes in das Lager gekommen ist, kommt als Erstes wieder aus dem Lager heraus.

Finanzdienstleistungen

A. Finanzierung

Situation zu den Fragen 1 - 6
Stephanie Klaußens ist 42 Jahre alt und arbeitet seit 8 Jahren als Abteilungsleiterin bei einer bekannten Konfitürenfabrik. Sie interessiert sich für einen Neuwagen zum Preis von 18.850,00 €. Ihren alten Wagen hat sie privat verkauft und kann noch aus dem Ersparten einen guten Betrag hinzufügen. Es fehlen ihr noch 8000,00 €, die sie über einen Kredit finanzieren möchte.

Frage 1: Ordnen Sie die Merkmale der Kreditwürdigkeit entsprechend zu.

1. Selbstauskunft über Familienstand und Kinder	
2. Arbeitsvertrag	a) Persönliche Verhältnisse
3. Gehaltsnachweise	
4. Auszug aus dem Grundbuch	b) Wirtschaftliche Verhältnisse
5. Haushaltsrechnung	

Frage 2: Stephanie Klaußens erklärt sich einverstanden, zur Absicherung des Kredits zukünftige Gehaltsansprüche abzutreten. Welche Aussagen sind richtig? 2 richtige Antworten

a) Durch einen Tarifvertrag kann die Anerkennung der Abtretung ausgeschlossen sein.
b) Die Abtretung bezieht sich nur auf den derzeitigen Arbeitgeber.
c) Durch Unterhaltsverpflichtungen kann der pfändbare Betrag sinken.
d) Der Arbeitgeber von Stephanie Klaußens ist über die Absicherung des Verbraucherkredits durch Gehaltsabtretung zu informieren.

Frage 3: Wie und innerhalb welcher Frist kann der Kreditvertrag von Frau Klaußens widerrufen werden?

Frage 4: Frau Klaußens möchte wissen, wann eine Restschuldversicherung einspringen würde.

Frage 5: Die Hausbank von Frau Klaußens bietet einen Ratenkredit in Höhe von 8000,00 € über die Laufzeit von 36 Monaten an. Der monatliche Zinssatz beträgt 0,6 %. Wie hoch sind die monatlichen Raten von Frau Klaußens?

Frage 6: Sie können Frau Klaußens über die Hersteller-Autobank ein für sie günstigeres Angebot zur Finanzierung unterbreiten. Begründen Sie, wie das möglich ist.

Frage 7: Petra Müller nimmt bei der Bank für einen gebrauchten Wagen einen Kredit in Höhe von 4000,00 € für die Laufzeit von 2 Jahren auf. Sie hat insgesamt 600,00 € Zinsen zu zahlen. Wie hoch ist der Zinssatz?

Situation zu den Fragen 8 - 9
Für eine Finanzierung soll eine SCHUFA Auskunft eingeholt werden.

Frage 8: Welche Aufgabe hat die Schufa?

Frage 9: Ordnen Sie die Aussagen zur SCHUFA entsprechend zu.

1. Die Schufa erhebt selbst keine Daten.	
2. Es werden Daten zu Einkünften und Vermögen erfasst.	
3. Alle erfassten Daten werden für den Zeitraum von 3 Jahren gespeichert.	a) Richtig
4. Es werden Personendaten (Namen, Geburtsdatum, Anschrift, frühere Anschriften) erfasst.	
5. Die Schufa verlässt sich auf die Richtigkeit der gemeldeten Daten.	b) Falsch
6. Alle 6 Monate kann eine kostenlose Dateneinsicht von Privatpersonen angefordert werden.	

Situation zu den Fragen 10 - 15
Sönke Sommer interessiert sich für eine Drei-Wege-Finanzierung (Ballonfinanzierung).

Frage 10: Worin liegt der Vorteil für den Kunden bei dieser Finanzierungsart?
2 richtige Antworten

a) Die monatlichen Raten sind gering.
b) Die monatlichen Raten sind hoch.
c) Die Schlussrate ist niedrig.
d) Das Auto kann am Ende der Laufzeit zurückgegeben werden.

Frage 11: Nennen Sie 3 Nachteile aus Sicht des Käufers?

Frage 12: Welche Möglichkeiten hätte Sönke Sommer bei Ende der Vertragslaufzeit bei der Drei-Wege-Finanzierung?

Frage 13: Wie hoch sind die Gesamtkosten, wenn folgende Angaben zu berücksichtigen sind?

Listenpreis: 19.500,00 €	Rabatt auf den Listenpreis: 700,00 €	Anzahlung: 20 %
Laufzeit: 36 Monate	Schlussrate: 9250,00 €	35 Raten á 195,00 €

Frage 14: Sönke Sommer ist im Autohaus nicht bekannt. Nennen Sie 3 Unterlagen, die für eine Bonitätsprüfung herangezogen werden können.

Frage 15: Was ist unter einer Sicherungsübereignung zu verstehen?

Lösungen zu Fragenblock A

Frage 1: 1a, 2a, 3b, 4b, 5b

Frage 2: a, c

Frage 3: Die 14-tägige Widerrufsfrist beginnt mit Erhalt der Widerrufsinformationen, aber nicht vor Vertragsabschluss. Aus der Erklärung muss der Entschluss des Verbrauchers zum Widerruf des Vertrags eindeutig hervorgehen. Der Widerruf muss keine Begründung enthalten. Zur Fristwahrung genügt die rechtzeitige Absendung des Widerrufs. Als Folge wird der Vertrag rückabgewickelt.

Frage 4: Im Todesfall wird die noch ausstehende Restschuld des aufgenommenen Darlehens durch die Versicherungsleistung getilgt bzw. bei Krankheit oder Arbeitslosigkeit die fälligen Raten gezahlt.

Frage 5:

8000,00 € x 0,6 % Zinsen x 36 Monate = 1728,00 € Zinsen

Kreditbetrag	8000,00 €	
+ Zinsen	1728,00 €	
Darlehensverpflichtung	9728,00 €	9728,00 € : 36 Monatsraten = **270,22 € pro Monat**

Frage 6: Der Zinssatz wird als zusätzlicher Kaufanreiz von dem Autohersteller und der Herstellerbank eingesetzt. So ist ein Zinssatz unter den marktüblichen Konditionen möglich.

Frage 7:

$$\text{Zinssatz} = \frac{\text{Zinsen x 100 x 360}}{\text{Kapital x Zeit}} = \frac{600{,}00\text{ € x 100 x 360}}{4000{,}00\text{ € x 720 Tage}} = \mathbf{7{,}5\ \%}$$

Frage 8: Die SCHUFA (Schutzgemeinschaft für allgemeine Kreditsicherung) ist eine privatwirtschaftliche deutsche Wirtschaftsauskunftei. Ihr Geschäftszweck ist, ihre Vertragspartner mit Informationen zur Bonität (Kreditwürdigkeit) Dritter zu versorgen. Daten werden immer nur für einen festgelegten Zeitraum gespeichert.

Frage 9: 1a, 2b, 3b, 4a, 5a, 6b

Frage 10: a, d

Frage 11:
- Vergleichsweise hohe Gesamtkosten
- Anschlussfinanzierung kann teuer werden.
- Zustand des Fahrzeuges kann bei Rückgabe zu Abzügen führen (z. B. Flecken auf dem Sitz, größere Kratzer, ...).

Frage 12:
1. Er kauft das Fahrzeug zur vereinbarten Schlussrate.
2. Er beantragt eine Anschlussfinanzierung. Damit wird die Schlussrate beglichen.
3. Der Wagen wird zurückgegeben.

Frage 13:

Listenpreis:	19.500,00 €
- Rabatt	700,00 €
Fahrzeugpreis	18.800,00 €
Anzahlung (20 % von 18800,00 €)	3760,00 €
+ 35 Raten x 195,00 €	6825,00 €
+ Schlussrate	9250,00 €
Gesamtkosten	**19.835,00 €**

Frage 14:
- ✓ Lohn- oder Gehaltsabrechnungen der letzten 2 - 3 Monate
- ✓ Ausgefüllte Selbstauskunft (Überblick über laufende Einnahmen und Kosten)
- ✓ Personalausweis
- ✓ Erlaubnis zur SCHUFA Anfrage

Frage 15:
Das Fahrzeug selbst wird als Sicherheit für den Kreditgeber eingesetzt. Dazu wird der Kfz-Brief (Zulassungsbescheinigung II) an die Bank übergeben und zusätzlich eine Sicherungsübereignung unterzeichnet.

Somit geht das Eigentum an dem Auto während der gesamten Kreditlaufzeit auf die Bank über. Der Käufer - in diesem Fall Sönke Sommer - bleibt jedoch über die gesamte Dauer im Besitz des Kfz.

B. Finanzierung / Leasing

Situation zu den Fragen 1 - 3
Jessica Tigan arbeitet seit 3 Jahren als Industriekauffrau im Hamburg. Sie möchte sich jetzt einen SUV kaufen und hat sich für ein Auto zum Barzahlungspreis von 25.490,00 € entschieden.

Frage 1: Welche Aussage zum Kfz-Leasing ist richtig? 1 richtige Antwort

a) Die Autofinanzierung über Leasing ist für den Leasingnehmer immer vorteilhafter.
b) Jessica Tigan wird Eigentümerin des Kfz.
c) Beschädigungen bei der Rückgabe des Kfz werden vom Leasinggeber getragen.
d) Der Kreditrahmen der Bank wird in der Regel nicht belastet und kann für andere Zwecke genutzt werden.

Frage 2: Jessica Tigan stellt fest, dass die Raten bei einer Bankfinanzierung höher sind als bei dem Leasingangebot ihres Autohauses. Nennen Sie 4 Gründe, die trotzdem für die Finanzierung über einen Ratenkredit sprechen könnten.

Frage 3: Jessica Tigan erwartet in ca. 1 - 2 Jahren einen Geldbetrag, der ihr evtl. ermöglicht, einen Bankkredit vorzeitig zu kündigen. Sie möchte wissen, ob das möglich ist.

Frage 4: Welche Vorteile hat Kfz-Leasing für das Autohaus (Kfz-Händler)?

Situation zu den Fragen 5 - 10
Sie arbeiten als Verkäufer der Firma Autohaus Gebler GmbH. Simon Wulf hat seine Autos bis jetzt immer über einen Privatkredit finanziert und möchte sich über eine Finanzierung über Leasing informieren.

Frage 5: Welche Vorteile bietet die Finanzierung über Leasing für eine Privatperson? Nennen Sie 3 Vorteile.

Frage 6: Sie erklären den Ablauf des Leasinggeschäftes. Welche Punkte sind richtig, welche Punkte sind falsch erklärt?

<table>
<tr><td>1. Simon Wulf (Leasingnehmer) entscheidet sich für ein Auto und für ein Leasingangebot.

2. Es wird ein Leasingvertrag zwischen Simon Wulf und dem Autohaus Gebler GmbH geschlossen.

3. Das Autohaus bestellt das Fahrzeug bei dem Hersteller im Auftrag des Leasinggebers. Es wird ein Kaufvertrag zwischen dem Autohaus und dem Leasinggeber geschlossen.

4. Das Autohaus Gebler liefert das Fahrzeug an den Leasinggeber aus.

5. Die Rechnung des Autohauses wird vom Leasingnehmer bezahlt.

6. Die monatlichen Raten werden vom Konto des Leasingnehmers abgebucht.</td><td>a) Richtig

b) Falsch</td></tr>
</table>

Frage 7: Wodurch unterscheiden sich direktes und indirektes Leasing?

Frage 8: Simon Wulf möchte die Höhe der monatlichen Leasingraten für einen Neuwagen wissen. Der Bruttoverkaufspreis beträgt 19.850,00 €. Als Leasingsonderzahlung kann der Gebrauchtwagen für 4500,00 € in Zahlung genommen werden.

Berechnen Sie die Leasingrate, wenn Ihnen folgende Informationen zur Verfügung stehen.

Neuwagenfaktor: 3,26 %	Gebrauchtwagenfaktor: 2,23 %
Laufzeit: 36 Monate	Restwert: 8300,00 €

Frage 9: Wie könnte die Höhe der Leasingrate gesenkt werden?

Frage 10: Welche Aufgabe hat das „SECCI-Formular"?

Frage 11: Welche Aussagen zum Vollamortisationsvertrag sind richtig? 2 richtige Antworten

a) Der Kaufpreis wird während der Laufzeit des Leasingvertrages vollständig getilgt.
b) Die Raten sind beim Vollamortisationsvertrag in der Regel niedriger.
c) Nach Ablauf des Leasingzeitraumes kann das Eigentum an dem jeweiligen Leasingobjekt an den Leasingnehmer übergehen.
d) Der festgelegte Restwert muss im Rahmen der Schlussrate vom Leasingnehmer gezahlt werden.

Frage 12: Eine Kundin teilt Ihnen mit, dass sie leider nicht genug Geld gespart hat, um den Restwert mit einer Schlussrate zu zahlen. Welche Möglichkeiten können Sie der Kundin einräumen?

Frage 13: Was ist der Unterschied zwischen einer selbstschuldnerischen Bürgschaft und einer Ausfallbürgschaft?

Situation zu den Fragen 14 - 15
Jano Bolle hat sich für einen 2 Jahre alten Gebrauchtwagen entschieden und möchte diesen finanzieren.

Frage 14: Was ist unter Kreditfähigkeit zu verstehen?

Frage 15: Welche Angaben muss ein Verbraucherdarlehen mindestens enthalten?
Nennen Sie 6 Bestandteile.

Lösungen zu Fragenblock B

Frage 1: d

Frage 2:

Der Leasingnehmer wird nicht Eigentümer des Kfz.
Ein Verkauf des Kfz ist während der Leasingdauer nur schwer möglich.
Bei Kreditfinanzierung über die Bank kann mit dem Autohaus evtl. ein guter Barzahlungsrabatt ausgehandelt werden.
Inspektionen können in günstigeren, freien Werkstätten durchgeführt werden.
Wenn der geplante Restwert nicht erreicht wird, ist evtl. eine Nachzahlung fällig.
Ein Markenwechsel ist einfacher, da Leasingverträge oft mit einer Automarkte verknüpft sind.

Frage 3: Frau Tigan kann den Kredit jederzeit zurückzahlen. Allerdings darf die Bank bei Krediten mit festem Zinssatz eine Vorfälligkeitsentschädigung verlangen. Diese ist auf höchstens 1 % des vorzeitig zurückgezahlten Betrages begrenzt. Ist die Restlaufzeit des Darlehens kürzer als ein Jahr, sind maximal 0,5 % zulässig.

Die laufzeitunabhängigen Kosten, z. B. Versicherungsprämien, darf der Kreditgeber trotz vorzeitiger Kündigung ungeschmälert behalten.

Frage 4:
✓ Gewinnung von Kunden
✓ Bindung von Kunden
✓ Zusätzliche Werkstatteinnahmen, z. B. durch Inspektionen
✓ Zusatzverkäufe von Zubehör

Frage 5:
✓ Geringe monatliche Leasingraten
✓ Erhalt der Liquidität
✓ Kurze Laufzeiten, dadurch immer ein modernes Auto auf dem neuesten technischen Stand
✓ Planungssicherheit
✓ Leasinggeber kann Reparatur und Inspektion übernehmen (bei entsprechender Vereinbarung).

Frage 6: 1a, 2b, 3a, 4b, 5b, 6a

Frage 7:
Direktes Leasing: Der Hersteller ist auch gleich Leasinggeber.

Indirektes Leasing: Herstellerunabhängige Gesellschaft vermietet das Kfz an den Leasingnehmer.

Frage 8:

119 % = 19.850,00 €	X = $\frac{19.850,00\text{ €} \times 100\ \%}{119\ \%}$	= 16.680,67 € Nettoverkaufspreis
100 % = X		

Nettoverkaufspreis	16.680,67 €
- Sonderzahlung	4500,00 €
Grundlage für Berechnung	12.180.67 €

Grundlage für Berechnung x Neuwagenfaktor = Neuwagenrate
12.180.67 € x 3,26 % = 397,09 €

Restwert x Gebrauchtwagenfaktor = Abzugsrate
8300,00 € x 2,23 % = 185,09 €

Neuwagenrate - Abzugsfaktor = Leasingrate netto
397,09 € - 185,09 € = 212,00 €

Leasingrate netto + 19 % Umsatzsteuer = Leasingrate brutto
212,00 € + 40,28 € = **252,28 €**

Frage 9:
✓ Erhöhung der Sonderzahlung
✓ Verlängerung der Laufzeit
✓ Senkung des Kaufpreise, z. B. durch weniger Sonderausstattung
✓ Senkung der vereinbarten Kilometerlaufleistung

Frage 10:
Dem Verbraucher, mit dem ein Kreditvertrag oder privater Leasingvertrag abgeschlossen wird, sind noch vor Vertragsschluss umfangreiche Informationen zur Verfügung zu stellen. Dies geschieht mittels des Formulars „Europäische Standardinformationen für Verbraucherkredite" (SECCI-Formular).

Frage 11: a, c

Frage 12:

- Der Restbetrag wird weiter finanziert.
- Das Fahrzeug wird zurückgegeben. Hier können - wenn das Fahrzeug nicht dem vereinbarten Rückgabezustand entspricht - weitere Kosten auf die Kundin zukommen.

Frage 13:

Selbstschuldnerischen Bürgschaft: Der Bürge verzichtet auf die Einrede der Vorausklage, das heißt, er kann in Anspruch genommen werden, ohne dass vom Hauptschuldner die Zahlungsunfähigkeit feststehen muss.

Ausfallbürgschaft: Der Bürge wird erst herangezogen, wenn alle rechtlichen Mittel gegen den Schuldner ausgeschöpft sind.

Frage 14:

Unter Kreditfähigkeit versteht man die Fähigkeit einer natürlichen Person oder juristischen Person, rechtswirksam Kreditverträge abschließen zu können.

Natürliche Personen müssen volljährig sein, um rechtsverbindlich Kreditverträge abschließen zu können. Sie dürfen nicht unter Betreuung stehen und es darf kein Einwilligungsvorbehalt in finanziellen Angelegenheiten angeordnet sein.

Frage 15:

Den Namen und die Anschrift des Darlehensgebers
Art des Darlehens
Sollzinssatz und effektiven Jahreszins
Betrag, Zahl und Fälligkeit der einzelnen Teilzahlungen
Nettodarlehensbetrag und Gesamtbetrag
Vertragslaufzeit
Auszahlungsbedingungen
Verzugszinssatz sowie gegebenenfalls anfallende Verzugskosten
Alle sonstigen Kosten
Bestehen oder Nichtbestehen eines Widerrufsrechts
Warnhinweis zu den Folgen ausbleibender Zahlungen
Recht des Darlehensnehmers, das Darlehen vorzeitig zurückzuzahlen

C. Leasing 2

Situation zu den Fragen 1 - 6
Daniel Stuhltal von der Bäckerei Stuhltal GmbH fragt bei Ihnen nach. Er benötigt 2 neue Fahrzeuge zur Auslieferung seiner Backwaren an die Filialen.

Frage 1: Was ist beim gewerblichen Leasing unter „pay-as-you-earn“ zu verstehen?

Frage 2: Nennen Sie 3 weitere Vorteile für die Bäckerei Stuhltal GmbH beim gewerblichen Leasing.

Frage 3: Um z. B. Steuervorteile zu nutzen, muss das gewerbliche Leasing „erlasskonform“ sein. Welche Kriterien muss der Leasingvertrag dafür erfüllen? 2 richtige Antworten

a) Während der Grundmietzeit kann der Leasingvertrag mit einer Frist von 3 Monaten von beiden Seiten gekündigt werden.
b) Die Laufzeit des Vertrages muss größer als 40 % und kleiner als 90 % der betriebsgewöhnlichen Nutzungsdauer des Objektes sein.
c) Der Leasingnehmer muss wirtschaftliche Eigentümer sein.
d) Der Leasinggeber muss rechtlicher Eigentümer sein.

Frage 4: Welchen Vorteil hätte die Bäckerei Stuhltal GmbH beim Leasing mit Kilometervertrag?

Frage 5: Daniel Stuhltag möchte wissen, was passiert, wenn er mehr oder weniger km zurücklegt.

Frage 6: Was ist bei einem Leasingvertrag unter „Andienungsrecht“ zu verstehen?

Frage 7: Wann ist eine außerordentliche Kündigung eines gewerblichen Leasingvertrages möglich?

Frage 8: Was ist unter „Full-Service-Leasing“ zu verstehen? Nennen Sie 6 Beispiele für zusätzliche Serviceleistungen, die angeboten werden können.

Frage 9: Ordnen Sie die typischen Merkmale der entsprechenden Leasingform zu.

Beschreibung	**Leasingform**
1. Feste Grundleasingzeit ohne Kündigungsrecht über einen maßgeblichen Zeitraum der Nutzungsdauer.	a) Operate-Leasing
2. Sehr kurze Grundmietzeit, innerhalb der aber eine Vertragskündigung nicht gestattet ist.	b) Vollamortisations-leasing
3. Leasingvertrag direkt mit dem Hersteller oder aber einer wirtschaftlich vom Hersteller abhängigen Leasinggesellschaft.	c) Financial-Leasing
4. Die Kosten werden vollständig durch eine Sonderzahlung und die Leasingraten abgegolten.	d) Direktes Leasing

Situation zu den Fragen 10 - 12
Beate Nielson möchte ihr Fahrzeug am Ende der Leasinglaufzeit zurückgeben.

Frage 10: Bei der Begutachtung in der Werkstatt werden folgende Gebrauchsspuren / Schäden festgestellt. Ordnen Sie entsprechend zu.

1. Delle an der Beifahrertür mit einer Tiefe unter 1 mm. 2. Unsachgemäß ausgeführte Instandsetzungsarbeit an der Karosserie. 3. Leichter Rostansatz an der Felge. 4. Stumpfer Lack an 2 Stellen. 5. Kratzer bis auf die Grundierung. 6. Profitiefe an der schwächsten Stelle von nur 2,5 mm. 7. Kleine Brandlöcher im Beifahrersitz. 8. HU seit einem Monat fällig.	a) Akzeptabler Zustand b) Nicht akzeptabler Zustand

Frage 11: Beate Nielson und das Autohaus sind sich über die Bewertung einiger Punkte bei der Begutachtung in der Werkstatt nicht einig. Wie wäre das weitere Vorgehen?

Frage 12: Muss Beate Nielson eine notwendige Fahrzeugaufbereitung für den weiteren Verkauf des Leasingfahrzeuges durchführen lassen bzw. bezahlen?

Frage 13: Ergänzen Sie folgenden Vergleich zwischen Leasing und Ratenkredit.

	Leasing	**Ratenkredit**
Stellung des Kfz Nutzers		
Zusätzliche Serviceleistungen		
Höhe der monatlichen Raten		
Sondertilgungsrechte		
Werkstattbindung		
Möglichkeiten bei Ende des Vertrages		

Lösungen zu Fragenblock C

Frage 1: Freie Übersetzung: „Erst bezahlen, wenn das Geld verdient worden ist".
Der Finanzierungsaufwand verteilt sich auf die Nutzungsdauer und somit auch auf den Zeitraum, in dem Erträge mit dem Leasingobjekt erwirtschaftet werden. Eine Vorfinanzierung wird damit vermieden.

Frage 2:

Die Leasingraten können als Betriebsausgaben steuermindernd geltend gemacht werden.
Eigenkapital bleibt erhalten.
Leasing ist für Leasingnehmer bilanzneutral.
Ein mit Banken vereinbarter Kreditrahmen bleibt uneingeschränkt erhalten.
Die Aufwendungen für eine Verwertung bei Vertragsende können bei Rückgabe entfallen.
Durch Rückgabe und Neubezug werden immer (technisch) neue Kfz / Transporter gefahren.
Leasingraten bieten eine sichere Kalkulationsgrundlage.

Frage 3: b, d

Frage 4: Wenn die Bäckerei einigermaßen genau weiß, wie viele Kilometer mit den Fahrzeugen im Jahr zurückgelegt werden, ist das Kilometerleasing sehr gut kalkulierbar. Das Risiko, dass es zu einer Nachzahlung kommen kann, ist geringer als beim Restwertvertrag.

Frage 5: Meist gibt es eine Toleranz von 2500 km. Was darüber hinausgeht (Mehrkilometer) muss vom Leasingnehmer ausgeglichen werden. Minderkilometer werden erstattet. Hier kann es unterschiedliche km-Sätze geben.

Frage 6: Der Leasinggeber behält sich die Möglichkeit vor, den Leasingnehmer zu dem Kauf zum kalkulierten Restwert zu verpflichtet. Der Leasingnehmer ist dann zum Kauf verpflichtet, ohne dass er ein verbrieftes Recht erhält, die Leasingsache zu erwerben.

Frage 7:
- Der Leasingnehmer schuldet 2 aufeinander folgende Leasingraten.
- Diebstahl des Fahrzeuges
- Totalschaden
- Tod des Leasingnehmers (Kündigung durch die Erben.)
- Verschweigen von Tatsachen oder Machen von falschen Angaben bei Vertragsabschluss, die es dem Leasinggeber unmöglich machen, den Leasingvertrag fortzusetzen.

Frage 8: Zusammen mit dem Leasingvertrag wird ein Servicevertrag abgeschlossen, der umfassende Dienstleistungen beinhaltet.

Wartungs- und Reparaturservice	Inspektion	Tankkarten-Management
Reifenservice	Anmeldeservice	KFZ-Steuer
Haftpflicht- und Kaskoversicherung	Rundfunkbeitrag	Ersatzwagen

Frage 9: 1c, 2a, 3d, 4b

Frage 10: 1a, 2b, 3a, 4a, 5b, 6a, 7b, 8b

Frage 11: Falls keine Einigung zu erzielen ist, sollte ein unabhängiges Gutachten erstellt werden.

Frage 12: Nein, diese Kosten sind nicht vom Kunden zu tragen.

Frage 13: (Lösungsvorschlag)

	Leasing	**Ratenkredit**
Stellung des KFZ Nutzers	Mieter	Eigentümer
Zusätzliche Service-Leistungen	Wartung, Inspektion, Versicherung u.a.	Nicht möglich
Höhe der monatlichen Raten	Eher niedriger	Eher höher
Sondertilgungsrechte	Nicht möglich	Möglich
Werkstattbindung	Oft	Nein
Möglichkeiten bei Ende des Vertrages	Rückgabe an den Leasing-Geber oder weitere Nutzung	Verkauf oder weitere Nutzung

D. Versicherungen

Situation zu den Fragen 1 - 2
Das Autohaus Summ überlegt, in Zukunft Autokäufern auch die dazu passenden Versicherungen anzubieten.

Frage 1: Nennen Sie 3 Vorteile für das Autohaus.

Frage 2: Muss das Autohaus bestimmte Voraussetzungen für die Vermittlung von autospezifischen Versicherungen erfüllen? Ist eine Erlaubnis notwendig?

Situation zu den Fragen 3 - 7
Lisa Spring hat einen Neuwagen bei Ihnen gekauft. Die Finanzierung läuft über Leasing.

Frage 3: Erläutern Sie Frau Spring den Sinn einer GAP-Versicherung.

Frage 4: Welche Aussage zur GAP-Versicherung ist richtig? 1 richtige Antwort

a) Die GAP-Versicherung ersetzt die Vollkaskoversicherung.
b) Die GAP-Versicherung ist speziell für Leasingfahrzeuge und kreditfinanzierte Fahrzeuge zu empfehlen.
c) Die GAP-Versicherung versteht sich als zusätzliches Angebot zur Vollkaskoversicherung, kann aber auch separat abgeschlossen werden.
d) Die GAP-Versicherung wird auch als Leasingratenversicherung bezeichnet.

Frage 5: Welche Versicherung wird bei Leasingverträgen in der Regel vorgeschrieben?

Frage 6: Erklären Sie Frau Spring anhand von folgenden Beispielen die Abdeckung der verschiedenen Versicherungen.

Schaden	Versicherung
1. Glasbruch	
2. Personen- und Sachschäden, die einem anderen zugefügt werden.	
3. Schäden durch selbstverschuldete Unfälle am eigenen Fahrzeug.	a) Haftplicht
4. Wildunfall	
5. Schäden durch Vandalismus.	b) Teilkasko
6. Vermögensschäden, die einem anderen zugefügt werden.	c) Vollkasko
7. Der eigene PKW wird gestohlen.	
8. Schaden an der Verkabelung durch Kurzschluss.	

Frage 7: Lisa Spring hat bisher ältere Autos gefahren, die „nur“ Haftpflicht versichert waren. Wonach richtet sich jetzt die Einstufung für die bei Leasingverträgen übliche Vollkaskoversicherung?

Frage 8: Was ist eine Elementarschadenversicherung?

Frage 9: Bei der Berechnung der Versicherungshöhe sind „Regionalklassen“ und „Typklassen“ zu berücksichtigen. Was ist darunter zu verstehen?

Frage 10: Eine Möglichkeit, die Versicherungsprämie zu reduzieren ist ein Vertrag mit „Werkstattbindung“. Was ist dabei zu beachten? 1 richtige Antwort

a) Inspektionen sind in den Vertragswerkstätten der jeweiligen Automarke durchzuführen.
b) Im Schadensfall verringert sich die Selbstbeteiligung um einen vorher vereinbarten Betrag.
c) Im Schadensfall bestimmt die Versicherung, in welcher Werkstatt die Reparatur ausgeführt wird.
d) Im Schadensfall und bei Reparatur in der vereinbarten Werkstatt erfolgt keine Rückstufung beim Schadensfreiheitsrabatt.

Situation zu den Fragen 11 - 15
Der 23-jährige Kevin Wehner hat einen 4-jährigen Gebrauchtwagen bei Ihnen gekauft. Es ist sein erstes eigenes Auto. Sie beraten Herrn Wehner zum Thema Versicherungen.

Frage 11: Herr Wehner möchte wissen, welche Versicherung er mindestens abschließen muss?

Frage 12: Er möchte die Schadenfreiheitsklasse 27 von seinem Großvater übernehmen, der nicht mehr Auto fahren möchte. Ist das möglich?

Frage 13: Welche Faktoren beeinflussen die Höhe des Tarifes bei der Haftpflichtversicherung? Nennen Sie 5 Faktoren.

Frage 14: Würden Sie Herrn Wehner den Abschluss einer Vollkaskoversicherung empfehlen?

Frage 15: Kevin Wehner fragt Sie, ob es auch ein Widerrufsrecht nach Abschluss des Versicherungsvertrages gibt. Welche Auskunft können Sie ihm geben? 2 richtige Antworten

a) Die Widerrufsfrist beträgt 4 Wochen.
b) Ein Widerruf per E-Mail ist nicht gültig.
c) Für eine wirksame Kündigung müssen keine Gründe genannt werden.
d) Wird nicht auf das Widerrufsrecht hingewiesen, so verlängert sich die Widerrufsfrist.

Lösungen zu Fragenblock D

Frage 1:

✓ Provisionserträge durch die Vermittlung von Versicherungen
✓ Zusätzlicher Service für den Autokäufer
✓ Kundenbindung
✓ Bei Unfallschäden können zusätzliche Aufträge für die eigene Werkstatt generiert werden.

Frage 2: Wenn das Autohaus lediglich im Zusammenhang mit dem Verkauf von Fahrzeugen stehende Versicherungen vermittelt (z. B. Kfz-Kasko-, Haftpflicht-, Garantieversicherungen), gilt es als „**produktakzessorischer Versicherungsvertreter**“. Es kann auf Antrag von der Erlaubnispflicht befreit werden. Es sind bei der zuständigen IHK folgende Unterlagen einzureichen:

- Vermögensschadenhaftpflicht
- Nachweis der Ausübung der Tätigkeit unmittelbar im Auftrag eines oder mehrerer Versicherungsvermittler / Versicherungsunternehmen.
- Erklärung des Auftraggebers, dass der Vermittler zuverlässig und angemessen qualifiziert ist und nicht in ungeordneten Vermögensverhältnissen lebt.

Frage 3: Im (erheblichen) Schadensfall wird der Wiederbeschaffungswert des Fahrzeuges ermittelt. Dieser entspricht dem aktuellen Wert eines gleichwertigen Fahrzeuges mit gleicher Laufleistung und ähnlicher Ausstattung. Dieser Wiederbeschaffungswert, der von der Vollkaskoversicherung erstattet wird, ist jedoch meist geringer als die noch offenen Restbeträge aus dem Leasing-Vertrag.

Die GAP-Versicherung trägt diese Differenz zwischen dem Wiederbeschaffungswert und dem ausstehenden Leasingvertrag.

Frage 4: c

Frage 5: Bei Leasingverträgen wird in der Regel eine Vollkaskoversicherung vorgeschrieben, da mit ihr die meisten Risiken abgesichert werden. Zusätzliche wird oft eine GAP-Versicherung empfohlen.

Frage 6: 1b, 2a, 3c, 4b, 5c, 6a, 7b, 8b

Frage 7: Die Versicherungsunternehmen orientieren sich an der Schadenfreiheitsklasse, die bisher in der Kfz-Haftpflichtversicherung erreicht wurde.

Frage 8:
Bei einem Elementarschaden wurde der Schaden von der Natur verursacht.
Beispiele: Sturm, Hagel, Blitzschlag oder Überschwemmung

Wer in der Kfz-Versicherung eine Elementarschadendeckung wünscht, der muss meist zumindest eine Teilkaskoversicherung abschließen.

Frage 9:
Regionalklassen: Die Regionalklasse wird vom Fahrverhalten der Autofahrer der jeweiligen Region beeinflusst. Berücksichtigt werden die Anzahl der Schäden, die sie verursachen, bezogen auf die Anzahl der dort zugelassenen Fahrzeuge und die durchschnittliche Schadenshöhe.

In der Kaskoversicherung werden außerdem die Diebstahlhäufigkeit, die Sturm- und Hagelschäden und die Anzahl der Wildunfälle angerechnet.

Typklassen: Die Typklasse als Indexwert spiegelt wieder, wie riskant es für den Versicherer ist, ein Auto dieses Typs zu versichern. Je mehr bzw. teurere Schäden für einen Fahrzeugtypen zu regulieren sind, desto höher ist seine Typklasse und damit der Versicherungsbeitrag.

Frage 10: c

Frage 11: Gesetzlich vorgeschrieben ist die **Kfz-Haftpflichtversicherung.**

Frage 12:
Es ist grundsätzlich möglich, die Schadenfreiheitsklasse zu übernehmen.

Der Empfänger des Rabatts kann allerdings nur so viele SF-Klassen übernehmen, wie er selbst hätte erreichen können, seit er seinen Führerschein besitzt. Hat Kevin Wehner seit 5 Jahren eine Fahrerlaubnis, kann er höchstens einen Schadenfreiheitsrabatt für 5 Jahre übernehmen.

Frage 13:

Regionalklasse
Typklasse
Schadenfreiheitsrabatt
Jährliche Kilometerleistung
Nutzerkreis, z. B. nur selbst und Partner
Nutzeralter (Junge Fahrer produzieren mehr Unfälle)
Berufsgruppe, z. B. Beamter
Zahlungsweise, z. B. jährliche Zahlung ist günstiger

Frage 14:
Eine Vollkaskoversicherung wird allgemein nur in den ersten 4 bis 6 Jahren bei Neufahrzeugen empfohlen. Danach ist der Rest- oder Wiederbeschaffungswert des Kfz so weit gesunken, dass sich die Kosten für eine Vollkaskoversicherung weniger rentieren.

Frage 15: c, d

E. Zusätzlich erwerbbare Garantieleistungen

Situation zu den Fragen 1 - 4
Jannes Lüth hat von einem Freund gehört, dass es auch möglich ist, Autos über eine „Flatrate“ zu nutzen.

Frage 1: Erläutern Sie den Begriff „Flatrate“.

Frage 2: Welche Leistungen könnten in der Flatrate beinhaltet sein? Nennen Sie 5 Beispiele.

Frage 3: Nennen Sie Jannes Lüth 5 Vorteile, die sich durch den Abschluss einer Flatrate für ihn ergeben könnten.

Frage 4: Welche Vorteile ergeben sich für das Autohaus durch den Verkauf einer Flatrate?

Situation zu den Fragen 5 - 8
Cedrik Thomsen hat bei Ihnen einen 3-jährigen Gebrauchtwagen gekauft.

Frage 5: Welche Aussagen zur Gewährleistung beim Kauf eines Gebrauchtwagens sind richtig? 2 richtige Antworten

a) Der Händler ist dazu verpflichtet, Mängel zu beseitigen, die bis zu dem Zeitraum von einem Jahr nach der Übergabe des Autos entstanden sind.
b) Nach einem halben Jahr dreht sich die Beweislast um, d. h. der Käufer muss belegen, dass der Mangel bereits vor der Übergabe vorhanden war.
c) Die Gewährleistungspflicht beträgt zwei Jahre, kann bei Gebrauchtwagen jedoch auf 6 Monate verkürzt werden.
d) Eine Verkürzung der Gewährleistung muss schriftlich im Kaufvertrag festgehalten werden.

Frage 6: Sie bieten Cedrik Thomsen eine Gebrauchtwagengarantie an durch die Happy Car Versicherung AG, die herstellerunabhängig arbeitet. Cedrik Thomsen möchte wissen, ob er für die vorgeschriebenen Inspektionen eine entsprechende Vertragswerkstatt aufsuchen muss.

Frage 7: Welche Autoteile / Baugruppen wären durch eine Gebrauchtwagengarantie in der Regel abgedeckt? Ordnen Sie entsprechend zu.

1. Zylinderblock 2. Kupplungsbeläge 3. Hauptbremszylinder 4. Scheibenwischer 5. Lackkratzer durch Unfall 6. Lichtmaschine mit Regler 7. Wasserpumpe 8. Bremsflüssigkeit	a) Durch die Garantie abgedeckt b) Nicht abgedeckt

Frage 8: Cedrik Thomsen erzählt Ihnen, dass er seinen letzten Gebrauchtwagen von einem Händler „gekauft wie besehen" und somit ohne Haftung gekauft habe. Nehmen Sie dazu Stellung.

Situation zu den Fragen 9 - 12
Sina Conner hat sich einen neuen Mittelklassewagen bestellt und möchte sich über weitere Service- und Garantieleistungen informieren.

Frage 9: Welche Leistungen bietet eine Mobilitätsgarantie?

Frage 10: Welche Aussagen zur Mobilitätsgarantie sind richtig? 2 richtige Antworten

a) Jeder Käufer eines Neuwagens oder Gebrauchtwagens hat Anspruch auf die Mobilitätsgarantie.
b) Die Inspektionen müssen in einer Vertragswerkstatt durchgeführt werden.
c) Bleibt das Fahrzeug aufgrund festgestellter, aber nicht reparierter Mängel liegen, springt die Mobilitätsgarantie nicht ein.
d) Die Mobilitätsgarantie gilt in der Regel nur deutschlandweit.

Frage 11: Welche Vorteile hat der Verkauf eines Wartungs- und Inspektionspaketes für den Händler?

Frage 12: Die vom Hersteller gewährte Garantiezeit ist 2 Jahre. Dies ist Sina Conner zu wenig. Welches Angebot können Sie machen?

Lösungen zu Fragenblock E

Frage 1: Autohersteller bieten zusammen mit der Finanzierung zusätzliche Leistungen an, die in der monatlichen Rate dann schon inkludiert sind.

Frage 2:

Versicherungen, z. B. Teilkasko und Vollkasko
Kfz-Steuer
Rundfunkgebühr
Inspektionen und HU
Mobilitätsgarantie, z. B. kostenloses Ersatzfahrzeug bei einer Panne
Garantieverlängerung
Reifenwechselservice inkl. Einlagerung

Frage 3:
✓ Günstige und planbare monatliche Belastung
✓ Kein Risiko durch Reparaturkosten
✓ Sehr geringes Ausfallrisiko durch regelmäßige Wartung
✓ Ersatzfahrzeug bei einem längeren Werkstattaufenthalt
✓ Pannenservice europaweit durch eine Mobilitätsgarantie inkl. Ersatzwagen

Frage 4:
✓ Hohe Kundenbindung und mehr Kontakt
✓ Erhöhung der Werkstattauslastung
✓ Provisionen, z. B. durch Vermittlung von Versicherungen, Mobilitätsgarantie

Frage 5: b, d

Frage 6: Da die Garantie von einer Versicherung gegeben wird, ist ihr ein „schutzbedürftiges Interesse" abzusprechen. Somit kann der Käufer seine Werkstatt frei wählen. Natürlich muss auch diese Werkstatt die Reparatur- und Inspektionsvorgaben des Herstellers beachten.

Frage 7: 1a, 2b, 3a, 4b, 5b, 6a, 7a, 8b

Frage 8: Ein Ausschluss der Sachmängelhaftung ist für einen Händler, der an eine Privatperson verkauft, nicht möglich. Es gilt die gesetzliche Gewährleistungspflicht, die für gebrauchte Pkw auf 1 Jahr verkürzt werden kann. In diesem Zeitraum muss er für Mängel am Wagen einstehen, die bereits zum Zeitpunkt der Fahrzeugübergabe vorgelegen haben.

Frage 9: Die Leistungen variieren von Hersteller zu Hersteller und können folgende Leistungen beinhalten:

- Soforthilfe / Pannenhilfe vor Ort
- Bergen und Transport des Fahrzeugs zur Werkstatt
- Ersatzwagen
- Hilfe bei Unfällen
- Erstattung von Weiterfahrt oder Rückfahrt in einem alternativen Transportmittel
- Hotelunterkunft
- Transport des Kfz nach der Reparatur
- Erstattung von Rückreisekosten

Frage 10: b, c

Frage 11:
✓ Kundenbindung, da die Inspektion auf alle Fälle in der Werkstatt durchgeführt wird.
✓ Auslastung der Werkstatt wird gesteigert.
✓ Es werden Vorauszahlungen generiert, da der Kunde die Leistung erst später in Anspruch nimmt.

Frage 12: Mit einer Neuwagenanschlussgarantie kann die Garantiezeit nach den Wünschen von Sina Conner verlängert werden.

III. Wirtschafts- und Sozialkunde

A. Grundlagen des Wirtschaftens

Frage 1: Welches primäre Ziel verfolgen private Unternehmen? 1 richtige Antwort

a) Gewinnminimierung
b) Gewinnerzielung
c) Schaffung von Arbeitsplätzen
d) Deckung der Kosten

Frage 2: Ordnen Sie die folgenden Ziele eines Betriebes entsprechend zu.

1. Die Kundenzufriedenheit soll erhöht werden.	a) Ökonomisches Ziel
2. Erhöhung des Weihnachtsgeldes um 10 % .	
3. Die Rentabilität in der Produktion soll sich steigern.	b) Ökologisches Ziel
4. Verminderung des Verpackungsmülls.	c) Sachliches Ziel
5. Steigerung des Marktanteils um 5 %.	
6. Sicherung der vorhandenen Arbeitsplätze	d) Soziales Ziel

Frage 3: Durch welche Maßnahme könnte die Arbeitsproduktivität gesteigert werden? 1 richtige Antwort

a) Die Arbeitszeit wird verkürzt.
b) Die Arbeitszeit wird verlängert.
c) Eine neue, modernere Maschine für die Werkstatt wird angeschafft.
d) 2 neue Mitarbeiterinnen werden eingestellt.

Frage 4: Bei welchem Beispiel wird nach dem Minimalprinzip gehandelt (Ökonomisches Prinzip)? 1 richtige Antwort

a) Ein Lackiermeister vergleicht die Preise für Farbe, und kauft beim günstigsten Anbieter.
b) Ein Lackiermeister kauft für einen bestimmten Betrag so viel Farbe wie möglich.
c) Ein Lackiermeister holt mindestens 5 verschiedene Angebote ein.
d) Ein Lackiermeister versucht möglichst viel Farbe für einen möglichst geringen Preis zu kaufen.

Frage 5: Welche Aussage zum Maximalprinzip (Ökonomisches Prinzip) ist richtig? 1 richtige Antwort

a) Mit möglichst geringen Mitteln soll ein bestimmter Ertrag erzielt werden.
b) Mit gegebenen Mitteln soll ein möglichst hoher Ertrag erzielt werden.
c) Mit möglichst geringen Mitteln soll ein möglichst hoher Ertrag erzielt werden.
d) Mit gegebenen Mitteln soll ein gegebener Ertrag erzielt werden.

Frage 6: Welches sind die 3 volkswirtschaftlichen Produktionsfaktoren? 1 richtige Antwort

a) Kapital, Banken und Natur
b) Arbeit, Natur und Rohstoff
c) Arbeit, Kapital und Natur
d) Natur, Arbeit und Umwelt

Frage 7: Kennzeichnen Sie die richtigen Aussagen zu den Produktionsfaktoren in der Betriebswirtschaftslehre. 2 richtige Antworten

a) Die Produktionsfaktoren sind Werkstoffe, Betriebsmittel und ausführende Arbeit
b) Die Produktionsfaktoren sind Boden, Arbeit und Kapital.
c) Der dispositive Faktor ergänzt die Elementarfaktoren zu einer produktiven Einheit.
d) Zu den dispositiven Faktoren gehören Roh-, Hilfs- und Betriebsstoffe.

Frage 8: Ordnen Sie die Faktoren entsprechend zu.

1. Ausführende Arbeit 2. Betriebliche Führung 3. Planung 4. Betriebsmittel 5. Organisation 6. Werkstoffe 7. Überwachung	a) Elementarfaktoren b) Dispositiver Faktor

Frage 9: Welche der genannten Leistung wird im Wirtschaftszweig „Handel" erbracht? 1 richtige Antwort

a) Herstellung von Gütern.
b) Herstellung von Rohstoffen.
c) Verteilung von Gütern an den Endverbraucher.
d) Versorgung der Wirtschaft mit Krediten.

Frage 10: Wozu ist wirtschaftliches Handeln notwendig? 1 richtige Antwort

a) Weil Bedürfnisse knapp sind.
b) Weil alle Bedürfnisse mit den Gütern gedeckt werden können.
c) Weil Güter nicht knapp sind.
d) Weil Güter knapp sind.

Lösungen zu Fragenblock A

Frage 1: b

Frage 2: 1c, 2d, 3a, 4b, 5a, 6d

Frage 3: c

Frage 4: a

Frage 5: b

Frage 6: c

Frage 7: a, c

Frage 8: 1a, 2b, 3b, 4a, 5b, 6a, 7b

Frage 9: c

Frage 10: d

B. Rechtssubjekte, Rechtsobjekte, Rechtsgeschäfte

Frage 1: Ab wann ist ein Mensch rechtsfähig? 1 richtige Antwort

a) Mit der Geburt
b) Mit der Vollendung des 7. Lebensjahres
c) Mit der Vollendung des 14. Lebensjahres
d) Mit der Vollendung des 18. Lebensjahres

Frage 2: Welche Personengruppe gilt als nicht geschäftsfähig? 1 richtige Antwort

a) Personen unter 7 Jahren
b) Personen, die zwischen 7 und 14 Jahre alt sind.
c) Personen über 18 Jahren
d) Personen ab dem 80. Lebensjahr

Frage 3: Ordnen Sie die Aussagen zur Geschäftsfähigkeit entsprechend zu.

1. Geschäftsfähigkeit ist die Fähigkeit, Träger von Rechten und Pflichten zu sein. 2. Minderjährige, die das 7. Lebensjahr nicht vollendet haben, sind geschäftsunfähig. 3. Beschränkt geschäftsfähig sind Minderjährige vom vollendeten 7. bis zum vollendeten 18. Lebensjahr. 4. Rechtsgeschäfte, die beschränkt Geschäftsfähige schließen, sind schwebend unwirksam, wenn sie nicht mit Einwilligung des gesetzlichen Vertreters (meist die Eltern) abgeschlossen werden.	a) Richtig b) Falsch

Frage 4: Welche Rechtsgeschäfte werden erst mit dem Zugang beim Empfänger rechtswirksam? 2 richtige Antworten

a) Auslobung
b) Testament
c) Kündigung
d) Mahnung

Frage 5: Welche Rechtsgeschäfte bedürfen der Schriftform? 2 richtige Antworten

a) Ratenkauf
b) Testament
c) Kaufvertrag
d) Taschengeldgeschäfte

Frage 6: Welche Aussage zu "Besitz" und "Eigentum" ist richtig? 1 richtige Antwort

a) Besitzer und Eigentümer sind immer identisch.
b) Eigentum ist die anerkannte und tatsächliche Herrschaft einer Person über eine Sache.
c) Besitz ist die anerkannte und tatsächliche Herrschaft einer Person über eine Sache.
d) Besitz ist das umfassendste Recht an einer Sache. Der Besitzer kann die Sache u. a. vermieten und verkaufen.

Frage 7: Ordnen Sie die Rechtsgeschäfte entsprechend zu.

1) Anfechtung 2) Darlehensvertrag 3) Mietvertrag 4) Testament 5) Werkvertrag	a) Einseitiges Rechtsgeschäft b) Zweiseitiges Rechtsgeschäft

Frage 8: Ordnen Sie folgende Verträge entsprechend zu.

1) Überlassung von Sachen zum Gebrauch und Fruchtgenuss gegen Entgelt. 2) Erwerb eines Gegenstandes gegen Entgelt. 3) Herstellung eines Werkes gegen Entgelt. 4) Ein Arbeitnehmer tritt eine neue Stelle als Automobilkaufmann an.	a) Kaufvertrag b) Leihvertrag c) Dienstvertrag d) Pachtvertrag c) Werkvertrag

Frage 9: Was ist beim Kaufvertrag unter dem Begriff „Holschuld“ zu verstehen? 1 richtige Antwort

a) Der Verkäufer kann sich bei Nichtbezahlung des Kaufpreises die Ware zurückholen.
b) Der Verkäufer muss die Kosten für das Abholen der Ware bezahlen.
c) Der Käufer muss spätestens beim Abholen der Ware den Kaufpreis bezahlen.
d) Der Käufer muss die bereitgestellte Ware oder Leistung beim Verkäufer abholen.

Frage 10: Welche Rechte hat ein Käufer bei Lieferung einer mangelhaften Ware oder Sache grundsätzlich? 1 richtige Antwort

a) Nacherfüllung, Rücktritt vom Vertrag, Minderung des Preises, Schadensersatz, Ersatz vergeblicher Aufwendungen
b) Das Recht auf Nacherfüllung kann er nicht in Anspruch nehmen.
c) Nacherfüllung, Rücktritt vom Vertrag, Minderung des Preises, Schadensersatz, Eidesstattliche Versicherung des Lieferanten
d) Nacherfüllung, Rücktritt vom Vertrag, Minderung des Preises, Zahlung einer Vertragsstrafe des Lieferanten

Frage 11: Wann sind Mängel zu rügen (beim Handelskauf)? 1 richtige Antwort

a) Die Ware muss bei Eingang kontrolliert werden. Offene und versteckte Mängel sind sofort zu rügen.
b) Die Ware muss bei Eingang kontrolliert werden. Offene Mängel sind sofort zu rügen, versteckte Mängel unverzüglich nach Entdeckung.
c) Beim Handelskauf ist die Ware innerhalb von 14 Tage zu prüfen und innerhalb von 21 Tagen zu rügen.
d) Beim Handelskauf ist die Ware innerhalb von 21 Tagen zu prüfen und innerhalb von 28 Tagen zu rügen.

Frage 12: Welche Aussagen zum Lieferverzug sind richtig? 2 richtige Antworten

a) Ist der Liefertermin kalendermäßig festgelegt (z. B. 26.03....), kommt der Lieferant erst nach Empfang einer Mahnung in Verzug.
b) Ist der Liefertermin kalendermäßig festgelegt (z. B. 26.03.....), kommt der Lieferant nach Überschreiten des Termin automatisch in Verzug.
c) Erklärt der Lieferant, dass er nicht liefern kann, kommt er ohne Mahnung in Verzug.
d) Erklärt der Lieferant, dass er nicht liefern kann, kommt er nicht in Verzug.

Frage 13: In welchen Fällen ist ein Vertrag von Anfang an ungültig (nichtig)? 2 richtige Antworten

a) Bei einem Erklärungsirrtum (z. B. Versprecher)
b) Bei einem Verstoß gegen ein gesetzliches Verbot
c) Bei arglistiger Täuschung
d) Bei Scheingeschäften

Frage 14: Welche Aussagen zum Gerichtsstand sind richtig? 2 richtige Antworten

a) Mit dem Gerichtsstand wird festgelegt, an welchem Ort Rechtsstreitigkeiten verhandelt werden.
b) Der Gerichtsstand ist immer der Firmensitz des Verkäufers.
c) Der gesetzliche Gerichtstand ist der Gerichtssitz, in dessen Bezirk der Kläger seinen Wohnsitz hat.
d) Der gesetzliche Gerichtstand ist der Gerichtssitz, in dessen Bezirk der Beklagte seinen Wohnsitz hat.

Frage 15: Was ist unter „Allgemeine Geschäftsbedingungen" (AGB) zu verstehen? 1 richtige Antwort

a) Es sind vorformulierte Vertragsbedingungen, die eine Vertragspartei der anderen Vertragspartei (dem Vertragspartner) bei Abschluss eines Vertrages stellt.
b) In den AGB werden die Gewährleistungsansprüche ausgeschlossen.
c) Die AGB brauchen von Privatpersonen nicht beachtet zu werden. Sie regeln Rechtgeschäfte unter Kaufleuten.
d) In den AGB werden gesetzliche Rechte von Verbrauchern ausgeschlossen.

Lösungen zu Fragenblock B

Frage 1: a

Frage 2: a

Frage 3: 1b, 2a, 3a, 4a

Frage 4: c, d

Frage 5: a, b

Frage 6: c

Frage 7: 1a, 2b, 3b, 4a, 5b

Frage 8: 1d, 2a, 3e, 4c

Frage 9: d

Frage 10: a

Frage 11: b

Frage 12: b, c

Frage 13: b, d

Frage 14: a, d

Frage 15: a

C. Rechtsformen der Unternehmen

Frage 1: Ist eine Offene Handelsgesellschaft (OHG) eine juristische Person? 1 richtige Antwort

a) Ja, da die OHG im Handelsregister eingetragen ist.
b) Ja, alle Gesellschaften ab einem gewissen Umsatz sind juristische Personen.
c) Nein, da die OHG nicht im Handelsregister eingetragen ist.
d) Nein, da keine Organe benötigt werden. Die Gesellschafter sind vertretungsberechtigt.

Frage 2: Sie möchten sich über eine Firma informieren und ins Handelsregister einsehen. Unter welchen Voraussetzungen ist das möglich? 1 richtige Antwort

a) Es sind keine Voraussetzungen nötig. Jeder kann ohne Begründung einen Ausdruck anfordern.
b) Sie müssen nachweisen, dass eine Geschäftsbeziehung besteht.
c) Sie benötigen die formlose Erlaubnis der Firma, über die Sie sich informieren wollen.
d) Sie müssen einen berechtigten Grund für die Einsichtnahme nennen.

Frage 3: Ordnen Sie folgende Aussagen zur Personengesellschaft entsprechend zu.

1. Die Haftung bei Personengesellschaften ist unbeschränkt. 2. Die Errichtung durch nur eine Person ist möglich. 3. Die Gründung einer Personengesellschaft ist aufwendiger als die Gründung von Kapitalgesellschaften. 4. Es besteht eine gesamtschuldnerische Haftung der Gesellschafter.	a) Richtig b) Falsch

Frage 4: Welche Organe hat eine GmbH? 1 richtige Antwort

a) Hauptversammlung, Aufsichtsrat, Vorstand
b) Gesellschafter, Vorstand, Aufsichtsrat
c) Gesellschafterversammlung, Vorstand und Aufsichtsrat
d) Gesellschafterversammlung, Geschäftsführer und Aufsichtsrat (bei größeren Unternehmen über 500 Mitarbeitern)

Frage 5: Zu welchem Zeitpunkt ist eine GmbH fähig, Rechtsgeschäfte abzuschließen? 1 richtige Antwort

a) Mit der Eintragung ins Handelsregister
b) Ab einem von den Gesellschaftern bestimmten Zeitpunkt
c) Mit der Unterschrift unter den Gesellschaftervertrag
d) Dem der Gründung nachfolgenden Monatsersten

Frage 6: Welches der genannten Unternehmen ist eine Personengesellschaft? 1 richtige Antwort

a) Müller Autoteile GmbH
b) Peter Meier, Maschinenbau
c) Kaewel Maschinen AG
d) Meierei Ostsee e.G.

Frage 7: Ordnen Sie die gesetzlichen Vertreter der entsprechenden Gesellschaftsform zu.

1. Offene Handelsgesellschaft	a) Partner
2. Aktiengesellschaft	b) Geschäftsführer
3. Gesellschaft mit beschränkter Haftung	c) Gesellschafter
4. Partnerschaftsgesellschaft	d) Vorstand
5. Kommanditgesellschaft	e) Persönlich haftender Gesellschafter

Frage 8: Welche Aussagen zur Genossenschaft sind richtig? 2 richtige Antworten

a) Eine Genossenschaft ist ein Zusammenschluss. Die Mitglieder wollen sich gemeinsam wirtschaftlich fördern.
b) Eine Genossenschaft ist ein Zusammenschluss aufgrund ähnlicher politischer Ansichten.
c) Eine Genossenschaft dient der Gewinnmaximierung durch die Zusammenlegung des Geschäftsbetriebes.
d) Die eingetragene Genossenschaft ist eine juristische Person.

Frage 9: Ordnen Sie anhand der Beschreibung die Gesellschaftsform zu.

1) Betrieb eines Handelsgewerbes durch mehrere Personen bei unbeschränkter Haftung.	a) AG
	b) OHG
2) Komplementär haftet mit Privatvermögen, Kommanditist nur mit seiner Einlage.	c) GbR
3) Haftungsbeschränkung auf das Stammkapital. Leitung durch Geschäftsführung.	d) KG
	e) e. G.
4) Die Gesellschaftsform ist für größere Firmen gut geeignet. Firmenanteile werden über die Börse verkauft.	f) GmbH

Frage 10: Drei Kaufleute betreiben gemeinsam ein Unternehmen. Dieses Unternehmen wirft einen Gewinn von 120.000 € ab, der nach der Geschäftsbeteiligung verteilt werden soll. Kaufmann A ist zu $^1/_3$ beteiligt, Kaufmann B zu $^1/_4$, Kaufmann C gehört der Rest. Wie hoch ist der Gewinnanteil von Kaufmann C?

Situation zu den Fragen 11 - 13
Ronald Rabbit ist Eigentümer von 4 Autohäusern an verschiedenen Orten. Er hat seinem langjährigen Mitarbeiter Peter Portelmann Prokura erteilt.

Frage 11: Welche Geschäfte darf Peter Portelmann für das Unternehmen abwickeln?

Frage 12: Welche Geschäfte darf Peter Portelmann nicht tätigen? Nennen Sie hierzu 4 Beispiele.

Frage 13: Was ist eine Gemische Prokura / Unechte Prokura?

Lösungen zu Fragenblock C

Frage 1: d

Frage 2: a

Frage 3: 1a, 2b, 3b, 4a

Frage 4: d

Frage 5: a

Frage 6: b

Frage 7: 1c, 2d, 3b, 4a, 5e

Frage 8: a, d

Frage 9: 1b, 2d, 3f, 4a

Frage 10:

Kaufmann A: $^{1}/_{3} = ^{4}/_{12}$
Kaufmann B: $^{1}/_{4} = ^{3}/_{12}$
Kaufmann C: Restanteil = $^{5}/_{12}$ vom Gewinn

$$\frac{120.000,00\ € \times 5\ \text{Anteile}}{12\ \text{Anteile}} = \mathbf{50.000,00\ €}$$

Frage 11: Er darf alle Geschäfte tätigen, die ein Handelsgewerbe mit sich bringt.

Frage 12: Er darf folgende Geschäfte <u>nicht</u> tätigen:

<table>
<tr><td colspan="3">Geschäfte, die darauf ausgerichtet sind, den Betrieb aufzulösen.</td></tr>
<tr><td>Unterzeichnung des Jahresabschlusses.</td><td>Prokura erteilen.</td><td>Eid für den Kaufmann leisten.</td></tr>
<tr><td colspan="2">Handelsregistereintragungen beantragen.</td><td>Insolvenz beantragen.</td></tr>
<tr><td colspan="2">Steuererklärungen für den Kaufmann unterzeichnen.</td><td>Grundstücke veräußern oder belasten.</td></tr>
</table>

Frage 13: Der Prokurist ist nur zusammen mit einem geschäftsführenden Gesellschafter oder einem Vorstandsmitglied zeichnungsberechtigt.

D. Menschliche Arbeit im Betrieb 1

Frage 1: In welchem Abstand wird der Betriebsrat gewählt? 1 richtige Antwort

a) Alle 4 Jahre b) Alle 3 Jahre c) Alle 2 Jahre

d) Der Abstand wird durch die Geschäftsleitung festgelegt.

Frage 2: Wer nimmt an der Betriebsversammlung teil? 1 richtige Antwort

a) Nur die Gewerkschaftsmitglieder des Betriebes
b) Nur die Gewerkschaftsmitglieder und die gewählten Betriebsräte
c) Alle Mitarbeiter des Betriebes
d) Die Geschäftsleitung und der Betriebsrat

Frage 3: Einem Arbeitnehmer wird gekündigt ohne den Betriebsrat zu hören. Welche Aussage ist richtig? 1 richtige Antwort

a) Die Kündigung ist wirksam. Die Geschäftsführung braucht den Betriebsrat nicht hinzuzuziehen.
b) Die Kündigung ist nicht wirksam. Kündigungen nimmt nur der Betriebsrat vor.
c) Die Kündigung ist nicht wirksam, da laut Betriebsverfassungsgesetz der Betriebsrat zu hören ist.
d) Die Kündigung ist wirksam, wenn der Betriebsrat zuvor informiert wurde.

Frage 4: Ordnen Sie die Rechte des Betriebsrates entsprechend zu.

1. Einführung eines neuen Produktes.	
2. Beginn und Ende der Arbeitszeiten.	a) Mitbestimmungsrecht
3. Versetzung eines Mitarbeiters.	b) Anhörungsrecht
4. Belegung von Mitarbeiterwohnungen.	c) Informationsrecht
5. Einstellung einer leitenden Mitarbeiterin.	

Frage 5: Welche Aussagen zur Jugend- und Auszubildendenvertretung (JAV) sind zutreffend?

1. Mitglieder des Betriebsrates können nicht zu Jugend- und Auszubildendenvertretern gewählt werden.	
2. Das Betriebsverfassungsgesetz schreibt eine gerade Anzahl an JAV-Mitgliedern vor.	a) Zutreffend
3. Die Wahlen finden in einem Zeitraum vom 1. Oktober bis 30. November statt.	
4. Die Wahl der Jugend- und Auszubildendenvertretung findet alle 4 Jahre statt.	b) Nicht zutreffend
5. Die Sitzungen der JAV sind öffentlich.	

Frage 6: Welche Aussagen zur Gültigkeit eines Tarifvertrages treffen zu? 2 richtige Antworten

a) Der Arbeitnehmer muss Mitglied einer Gewerkschaft sein.
b) Der Tarifvertrag kann vom zuständigen Ministerium für „Allgemeinverbindlich" erklärt werden. Er gilt dann für alle Arbeitnehmer einer Branche.
c) Tarifverträge können mündlich abgeschlossen werden.
d) Tarifverträge werden zwischen einem einzelnen Arbeitgeber und dem Betriebsrat abgeschlossen.

Frage 7: Welche Vereinbarungen sind üblicherweise im Manteltarifvertrag geregelt? 2 richtige Antworten

a) Löhne und Gehälter
b) Dauer des Urlaubs
c) Eingruppierung in Lohn- und Gehaltsstufen
d) Einstellungs- und Kündigungsbedingungen

Frage 8: Welche Aussagen zu einer Betriebsvereinbarung sind richtig? 2 richtige Antworten

a) Die Betriebsvereinbarung ist ein Vertrag zwischen dem Arbeitgeber und dem Betriebsrat in dem verbindliche Normen festgelegt werden.
b) Die Betriebsvereinbarung regelt die Gehaltsstruktur für alle Betriebe einer Branche.
c) Die Betriebsvereinbarung gilt in der Regel nur für den Betrieb, für den sie vereinbart worden ist.
d) Die Betriebsvereinbarung besagt, dass der Betriebsrat immer eingeschaltet werden muss.

Frage 9: Ordnen Sie die Rechtsgrundlage entsprechend zu.

<table>
<tr>
<td>1) Eine Kündigung ohne die Anhörung des Betriebsrates ist unwirksam.

2) Die regelmäßige wöchentliche Arbeitszeit im Kfz-Handwerk in Niedersachsen beträgt 38,5 Stunden.

3) Bei betrieblich bedingten Kündigungen ist die Sozialauswahl zu beachten.

4) Ein Entgeltausfall darf durch den Besuch der Berufsschule nicht eintreten.</td>
<td>a) Jugendarbeitsschutzgesetz

b) Tarifvertrag

c) Kündigungsschutzgesetz

d) Betriebsverfassungsgesetz

e) Jugendschutzgesetz

f) Mutterschutzgesetz</td>
</tr>
</table>

Frage 10: Sie möchten in Ihre Personalakte einsehen. Auf welches Gesetz können Sie sich beziehen? 1 richtige Antwort

a) Bürgerliches Gesetzbuch (BGB)
b) Handelsgesetzbuch (HGB)
c) Betriebsvereinbarung
d) Betriebsverfassungsgesetz

Frage 11: Ordnen Sie die Aussagen zur gesetzlichen Krankenversicherung entsprechend zu.

1. Jeder Arbeitnehmer muss gegen Krankheit versichert sein. 2. Der Arbeitnehmer hat die Wahl, in welche Krankenversicherung er einzahlt. 3. Wenn das Einkommen die Beitragsbemessungsgrenze überschreitet, wird der Arbeitnehmer aus der gesetzlichen Krankenversicherung ausgeschlossen. 4. Wenn das Einkommen die Beitragsbemessungsgrenze überschreitet, hat der Arbeitnehmer die Möglichkeit, sich privat zu versichern.	a) Richtig b) Falsch

Frage 12: Wie heißt der Träger der gesetzlichen Unfallversicherung? 1 richtige Antwort

a) Bundesagentur für Arbeit
b) Berufsgenossenschaften
c) Allgemeine Ortskrankenkassen
d) Ersatzkassen

Frage 13: Ordnen Sie die Leistungen der entsprechenden Sozialversicherung zu.

1) Förderung der beruflichen Weiterbildung	a) Berufsgenossenschaft
2) Krankengeld	b) Pflegeversicherung
3) BAföG	c) Arbeitslosenversicherung
4) Pflegegeld	d) Krankenversicherung
5) Leistung nach Wegeunfall auf dem Weg von / zur Arbeit.	e) Die Leistung wird nicht von einer Sozialversicherung bezahlt.

Frage 14: Sophie Müller erhält von ihrem Betrieb die Kündigung und möchte gerichtlich dagegen vorgehen. Welche Aussagen dazu sind richtig? 2 richtige Antworten

a) Das zuständige Gericht ist das Sozialgericht.
b) Das zuständige Gericht ist das Arbeitsgericht.
c) Sophie Müller muss innerhalb von 3 Wochen nach Zugang der Kündigung Kündigungsschutzklage erheben.
d) Sophie Müller muss innerhalb von 2 Wochen nach Zugang der Kündigung Kündigungsschutzklage erheben.

Frage 15: Was ist der Unterschied zwischen einem normalen Arbeitszeugnis und einem qualifizierten Arbeitszeugnis? 1 richtige Antwort

a) Das qualifizierte Arbeitszeugnis enthält zusätzlich Angaben über Verhalten und Leistung des Auszubildenden.
b) Das qualifizierte Arbeitszeugnis wird zusätzlich vom zuständigen Ausbilder unterschrieben.
c) Das qualifizierte Arbeitszeugnis enthält eine genaue Beschreibung der Ausbildungsinhalte.
d) Das qualifizierte Arbeitszeugnis enthält Angaben über die körperliche Leistungsfähigkeit und die Krankheitstage.

Lösungen zu Fragenblock D

Frage 1: a

Frage 2: c

Frage 3: c

Frage 4: 1c, 2a, 3b, 4a, 5c

Frage 5: 1a, 2b, 3a, 4b, 5b

Frage 6: a, b

Frage 7: b, d

Frage 8: a, c

Frage 9: 1d, 2b, 3c, 4a

Frage 10: d

Frage 11: 1a, 2a, 3b, 4a

Frage 12: b

Frage 13: 1c, 2d, 3e, 4b, 5a

Frage 14: b, c

Frage 15: a

E. Menschliche Arbeit im Betrieb 2

Frage 1: Welche Pflichten hat der Ausbildende nach Abschluss des Berufsausbildungsvertrages unverzüglich zu erledigen? 2 richtige Antworten

a) Er muss den wesentlichen Inhalt des Vertrages niederlegen.
b) Er muss dem Auszubildenden den verantwortlichen Ausbilder benennen.
c) Er muss dem Auszubildenden oder dessen gesetzlichen Vertreter eine Abschrift des Vertrages aushändigen.
d) Er muss dem Auszubildenden unverzüglich die notwendigen Berichtshefte zuschicken.

Frage 2: Wie lange darf die Probezeit im Berufsausbildungsvertrag nach dem Berufsbildungsgesetz dauern? 1 richtige Antwort

a) Die Probezeit beträgt 3 Monate.
b) Die Probezeit liegt zwischen 1 Monat und 6 Monaten.
c) Die Probezeit beträgt 4 Monate.
d) Die Probezeit muss zwischen 1 Monat und 4 Monaten liegen.

Frage 3: Welche Aussagen zum Ausbildungsrahmenplan sind richtig? 2 richtige Antworten

a) Der Ausbildungsrahmenplan ist Bestandteil der Ausbildungsordnung.
b) Im Ausbildungsrahmenplan werden die Lernziele für den Unterricht der Berufsschulen festgelegt.
c) Im Ausbildungsrahmenplan wird der Ablauf der Zwischen- und Abschlussprüfung geregelt.
d) Der Ausbildungsrahmenplan bildet die Grundlage für die sachliche und zeitliche Gliederung, die für einen Ausbildungsvertrag vorgeschrieben ist.

Frage 4: Jason Haase erhält einen Ausbildungsplatz als Automobilkaufmann. Er ist am 26. April 17 Jahre alt geworden. Wie hoch ist sein Urlaubsanspruch mindestens? 1 richtige Antwort

a) 30 Werktage   b) 25 Werktage   c) 27 Werktage   d) 23 Werktage

Frage 5: Ordnen Sie die Rechtsgrundlagen entsprechend zu.

1. Mindesturlaubsanspruch für volljährige Auszubildende. 2. Möglichkeit der Verkürzung der Ausbildung. 3. Erstuntersuchung bei Jugendlichen vor Berufseintritt. 4. Verbot von Vertragsstrafen während der Ausbildung. 5. Mindesturlaubsanspruch für minderjährige Auszubildende. 6. Dauer eines anerkannten Ausbildungsberufs.	a) Jugendarbeitsschutzgesetz b) Berufsbildungsgesetz c) Bundesurlaubsgesetz d) Ausbildungsordnung

Frage 6: Bestimmen Sie, ob die folgenden Aussagen bei der Kündigung eines Ausbildungsverhältnisses nach der Probezeit zutreffen.

1. Die Kündigung kann schriftlich oder mündlich mit Zeugen erfolgen. 2. Bei der Kündigung sind die Kündigungsgründe anzugeben. 3. Die Kündigung ist unwirksam, wenn die ihr zu Grunde liegenden Tatsachen dem zur Kündigung Berechtigten länger als zwei Wochen bekannt sind. 4. Ein Ausbildungsverhältnis kann nur aus einem wichtigen Grund mit einer Frist von 4 Wochen gekündigt werden. 5. Als Kündigungsgrund ist ein begründeter Verdacht bei Diebstahl ausreichend.	a) Zutreffend b) Nicht zutreffend

Frage 7: In der beruflichen Ausbildung wird vom "Dualen System" gesprochen. Was ist damit gemeint? 1 richtige Antwort

a) Der Ausbildungsvertrag wird von 2 Parteien (Auszubildende/r und Betrieb) unterschrieben.
b) Die IHK führt 2 verschiedene Prüfungen durch, die praktische und die schriftliche Prüfung.
c) Die Berufsausbildung wird durch die Berufsschule und den Ausbildungsbetrieb durchgeführt.
d) Die Zusammenarbeit von Betrieb und Industrie- und Handelskammer oder Handwerkskammer wird als "Duales System" bezeichnet.

Situation zu den Fragen 8 - 9
Sonny Sunshine ist 17 Jahre und beginnt eine Ausbildung zur Automobilkauffrau.

Frage 8: Wie hoch ist der Pausenanspruch und wie lang muss die Pause mindestens sein?

1. Sonny hat Anspruch auf 45 Minuten Pause. 2. Sonny hat Anspruch auf 60 Minuten Pause. 3. Sonny hat Anspruch auf 90 Minuten Pause. 4. Eine Pause muss mindestens 10 Minuten lang sein. 5. Eine Pause muss mindestens 15 Minuten lang sein.	a) Richtig b) Falsch

Frage 9: Die Teilnahme an der Abschlussprüfung (AP) ist an Bedingungen geknüpft. Ordnen Sie entsprechend zu.

1. Eine bestandene Zwischenprüfung 2. Eine Teilnahme an der Zwischenprüfung 3. Eintragung des Berufsausbildungsverhältnisses in das Verzeichnis der zuständigen Stelle 4. Ableistung der erforderlichen Ausbildungsdauer	a) Voraussetzung für die Teilnahme an der AP b) Keine Voraussetzung für die Teilnahme an der AP

Lösungen zu Fragenblock E

Frage 1: a, c

Frage 2: d

Frage 3: a, d

Frage 4: c

Frage 5: 1c, 2b, 3a, 4b, 5a, 6d

Frage 6: 1b, 2a, 3a, 4b, 5b

Frage 7: c

Frage 8: 1b, 2a, 3b, 4b, 5a

Frage 9: 1b, 2a, 3a, 4a

F. Personalwirtschaft / Steuern

Situation zu den Fragen 1 - 4
Das Autohaus Schönborn AG will in 6 Monaten ein neues Ausstellungsgebäude zur Erweiterung des Nutzfahrzeuggeschäfts eröffnen. Hierfür sollen neue Mitarbeiter/-innen eingestellt werden.

Frage 1: Ordnen Sie Begriffe der Personalplanung entsprechend zu.

1. Einsatzort und Einsatzzeitpunkt werden geplant. 2. Anforderungen der Mitarbeiter/-innen werden festgelegt. 3. Die Anzahl der Mitarbeiter/-innen wird geplant. 4. Die benötigten Qualifikation werden festgehalten.	a) Quantitative Personalplanung b) Qualitative Personalplanung

Frage 2: Welche Vorteile hat die „externe Personalbeschaffung“? 2 richtige Antworten

a) Der Bewerber kennt sich im Unternehmen aus.
b) Keine internen Konflikte um die Stelle.
c) Kostenersparnis, da die Schaltung von Stellenanzeige entfällt.
d) Keine Personallücke durch den Wechsel in eine andere Abteilung.

Frage 3: Nennen Sie 5 Angaben, die in eine Stellenbeschreibung gehören.

Frage 4: Sie werden beauftragt, einen Personalfragebogen an Bewerber /-innen zu verschicken. Ordnen Sie zu.

1. Haben Sie einen Führerschein? 2. Liegt eine Schwangerschaft vor? 3. Welchen Schulabschluss haben Sie? 4. Welche Zensuren haben Sie in Englisch und Spanisch? 5. Sind Sie Mitglied einer Gewerkschaft?	a) Zulässige Frage b) Nicht zulässige Frage

Situation zu den Fragen 5 - 6
Sie sind im Personalcontrolling der Autohaus Süd AG eingesetzt. Zurzeit arbeiten dort 186 Mitarbeiterinnen zuzüglich 7 Auszubildende.

Frage 5: Berechnen Sie die Ausbildungsquote.

Frage 6: Sie sollen die Fehlquote der Auszubildenden einzeln und insgesamt ermitteln. Als Grundlage erhalten Sie folgende Angaben:

Name	Soll-Arbeitstage	Fehltage	Fehlquote in %
Amsel	221	2	
Brede	221	0	
Denath	220	14	
Hommer	219	5	
Kruse	221	0	
Lansom	221	7	
Ohsel	221	10	
Gesamt:			

Situation zu den Fragen 7 - 8
Der Mitarbeiter Georg Müller hat ein Bruttogehalt von 2485,00 €, Steuerklasse I, kein Kinderfreibetrag, Kirchensteuer 9 % und Lohnsteuer 338,16 €.

Frage 7: Wie hoch sind die Kirchensteuer und der Solidaritätszuschlag?

Weitere Abzüge von Georg Müller sind:
- Rentenversicherung: 18,6 %
- Arbeitslosenversicherung: 2,4 %
- Krankenversicherung: 14,6 %
- Pflegeversicherung: 3,05 %
- Anteil Pflegeversicherung für Kinderlose: 0,25 %

Frage 8: Berechnen Sie das Nettogehalt.

Frage 9: Welche Aussagen zur Arbeitsgerichtsbarkeit sind richtig? 2 richtige Antworten

a) Zuständig ist das Gericht, an dem die beklagte Partei ihren Firmensitz hat.
b) Zuständig ist das Gericht, an dem der Kläger seinen Wohnsitz hat.
c) Vor dem Arbeitsgericht besteht in allen Instanzen Anwaltszwang.
d) In der 1. Instanz besteht kein Anwaltszwang.

Frage 10: Ordnen Sie die nachfolgenden „Bildungsbegriffe" entsprechend zu.

1. Aufgrund einer Mehlallergie beginnt ein Bäckergeselle eine Ausbildung zum Kraftfahrzeugmechatroniker.	
2. Ein Kraftfahrzeugmechatroniker bildet sich zum Meister weiter.	a) Berufliche Fortbildung
3. Ein Schäfer möchte einen neuen Beruf erlernen, da er in seiner jetzigen Tätigkeit keine Zukunft mehr sieht.	b) Umschulung
4. Eine Automobilkauffrau legt die Ausbildereignungsprüfung ab, um demnächst auszubilden.	

Frage 11: Was sind die Besonderheiten an „Dualen Studiengängen"? 2 richtige Antworten

a) Beim Dualen Studium werden zwei Studiengänge gleichzeitig belegt.
b) Ein duales Studium hat meist einen hohen Praxisbezug.
c) Es werden die Lernorte (Hochschule/Akademie und Betrieb) verbunden.
d) Nach Abschuss des dualen Studienganges werden nur sehr wenige Studenten vom Betrieb übernommen.

Frage 12: Was bedeutet die Bezeichnung „progressiver Einkommenssteuertarif"?
1 richtige Antwort

a) Der Einkommenssteuertarif gilt nur für Unternehmer.
b) Ein höheres Einkommen wird prozentual niedriger besteuert.
c) Ein höheres Einkommen wird prozentual auch höher besteuert.
d) Höhere Einkommen werden nur bis zu einer bestimmten Grenze besteuert.

Frage 13: Ordnen Sie folgende Steuern entsprechend zu.

1) Für diese Steuer wird von der Gemeinde ein Hebesatz festgelegt.	a) Körperschaftssteuer
2) Steuer auf im Inland verkaufte Waren.	b) Gewerbesteuer
3) Ertragssteuer für juristische Personen (z. B. Aktiengesellschaften).	c) Lohnsteuer
4) Steuer auf den Kauf / Verkauf von Grundstücken.	d) Umsatzsteuer
	e) Grunderwerbssteuer

Frage 14: Ordnen Sie die Steuer entsprechend zu.

1. Erbschaftssteuer	a) Gemeindesteuer
2. Grundsteuer	b) Ländersteuer
3. Tabaksteuer	c) Bundessteuer
4. Grunderwerbssteuer	
5. Hundesteuer	

Frage 15: Wie können folgende Ausgaben vom Automobilkaufmann Stefan Müller steuerlich verwendet werden?

1. Krankheitskosten (ab einer gewissen Höhe)	a) Werbungskosten
2. Kosten für eine Bewerbung	b) Außergewöhnliche Belastung
3. Beiträge zur Haftpflichtversicherung	c) Vorsorgeaufwendungen
4. Gewerkschaftsbeitrag	
5. Beiträge zur gesetzlichen Rentenversicherung	
6. Mehraufwendungen für beruflich bedingte doppelte Haushaltführung	
7. Unterstützung der bedürftigen Eltern	

Lösungen zu Fragenblock F

Frage 1: 1b, 2b, 3a, 4b

Frage 2: b, d

Frage 3:

✓ Einordnung der Stelle in die Unternehmensorganisation
✓ Stellvertretung
✓ Tätigkeitsbeschreibung (Hauptaufgabe, Fachaufgaben, besondere Aufgaben)
✓ Kompetenzen und Pflichten
✓ Anforderungen an den Stelleninhaber (Weiterbildungsmöglichkeiten)
✓ Zusammenarbeit mit anderen Stellen
✓ Leistungskriterien

Frage 4: 1a, 2b, 3a, 4a, 5b

Frage 5: Ausbildungsquote = $\frac{\text{Anzahl der Auszubildenden x 100}}{\text{Gesamtzahl der Mitarbeiter}} = \frac{7 \text{ x } 100}{193}$ = **3,63 %**

Frage 6:

Name	Soll-Arbeitstage	Fehltage	Fehlquote in %
Amsel	221	2	0,9
Brede	221	0	0
Denath	220	14	6,4
Hommer	219	5	2,3
Kruse	221	0	0
Lansom	221	7	3,2
Ohsel	221	10	4,5
Gesamt:	1544	38	**2,5**

Fehlquote gesamt= $\frac{\text{Fehltage x 100}}{\text{Soll-Arbeitstage}}$ = **2,5**

Frage 7: 9 % von 338,16 € (Lohnsteuer) = **30,43 € Kirchensteuer**
5,5 % von 338,16 € (Lohnsteuer) = **18,60 € Solidaritätszuschlag**

Frage 8:

Bruttogehalt		2485,00 €
- Lohnsteuer		338,16 €
- Solidaritätszuschlag		18,60 €
- Kirchensteuer		30,43 €
- Krankenversicherung	(7,3 % Arbeitnehmeranteil)	181,41 €
- Rentenversicherung	(9,3 % Arbeitnehmeranteil)	231,11 €
- Arbeitslosenversicherung	(1,20 % Arbeitnehmeranteil)	29,82 €
- Pflegeversicherung	(1,525% Arbeitnehmeranteil)	37,90 €
- Pflegeversicherung Kinderlose	(0,25 %)	6,21 €
Nettogehalt		**1611,36 €**

Frage 9: a, d

Frage 10: 1b, 2a, 3b, 4a

Frage 11: b, c

Frage 12: c

Frage 13: 1b, 2d, 3a, 4e

Frage 14: 1b, 2a, 3c, 4b, 5a

Frage 15: 1b, 2a, 3c, 4a, 5c, 6a, 7b

G. Markt und Preis / Wirtschaftsordnung

Frage 1: Ordnen Sie die Bestimmungsgrößen entsprechend zu.

1. Gewinnerwartung	a) Bestimmungsgröße für das Angebot
2. Preis des Gutes	b) Bestimmungsgröße für die Nachfrage
3. Einschätzung des Nutzens	c) Bestimmungsgröße für Angebot und Nachfrage
4. Einkommen des Konsumenten	
5. Marktsituation	

Frage 2: Welche Aussagen zum Gleichgewichtspreis sind richtig? 2 richtige Antworten

a) Beim Gleichgewichtspreis sind Angebot und Nachfrage im Gleichgewicht.
b) Wenn das Angebot - bei gleichbleibender Nachfrage - steigt, steigt auch der Gleichgewichtspreis.
c) Wenn das Angebot - bei gleichbleibender Nachfrage - sinkt, sinkt auch der Gleichgewichtspreis.
d) Der Gleichgewichtspreis steigt, wenn die Nachfrage - bei gleichbleibendem Angebot - steigt.

Situation zu den Fragen 3 - 4
Auf dem Markt treffen für ein Produkt folgende Anbieter und Nachfrager aufeinander:

Anbieter (Mp = Mindestpreis / t)			**Nachfrager**	
A	100 t zum Mp von 60 €		F	70 t für max. 35 € / t
B	80 t zum MP von 55 €		G	60 t für max. 40 € / t
C	60 t zum MP von 50 €		H	50 t für max. 45 € / t
D	50 t zum MP von 45 €		I	80 t für max. 50 € / t
E	40 t zum MP von 40 €		J	70 t für max. 55 € / t

Frage 3: Wie hoch ist der Gleichgewichtspreis des Produktes pro t?

Frage 4: Wie viele t werden zum Gleichgewichtspreis umgeschlagen?

Frage 5: Ordnen Sie die Marktformen entsprechend zu.

1. Ein Anbieter - Viele Nachfrager	a) Angebotsoligopol
2. Wenige Anbieter - Viele Nachfrager	b) Polypol
3. Viele Anbieter - Viele Nachfrager	c) Nachfragemonopol
4. Wenige Anbieter - Wenige Nachfrager	d) Angebotsmonopol
5. Viele Anbieter - Ein Nachfrager	e) Zweiseitiges Oligopol

Frage 6: Ordnen Sie die Aussagen entsprechend zu.

1. Jeder kann Verträge schließen, so wie er es möchte. 2. Per Gesetz werden Mütter geschützt. 3. Es gilt der Grundsatz: Eigentum verpflichtet. 4. Unternehmen können produzieren, was sie möchten. 5. Privateigentum ist nicht eingeschränkt.	a) Freie Marktwirtschaft b) Soziale Marktwirtschaft

Frage 7: Welche Aussagen zu einem Kartell sind richtig? 2 richtige Antworten

a) Ein Kartell ist ein Zusammenschluss von selbständig bleibenden Unternehmen.
b) Mindestens 4 Firmen sind zur Bildung eines Kartells notwendig.
c) Es entsteht bei der Bildung eines Kartells eine neue Firma.
d) Staatliche Verbote oder Regulierungen sind im Kartellrecht geregelt.

Frage 8: Durch welche Behörde werden Gesetze überwacht, die den Wettbewerb sichern und z. B. Preisabsprachen verhindern sollen? 1 richtige Antwort

a) Bundesministerium für Wirtschaft
b) Industrie- und Handelskammer
c) Bundeskartellamt
d) Bundesverband der Deutschen Industrie (BDI)

Frage 9: Der Staat möchte in einer konjunkturellen Abschwungphase die Nachfrage nach Konsumgütern steigern. Welche Maßnahme wäre geeignet? 1 richtige Antwort

a) Erhöhung der Kraftfahrzeugsteuer.
b) Senkung der BAföG-Sätze.
c) Einführung einer neuen Sondersteuer.
d) Erhöhung des Kindergeldes.

Frage 10: Welche Maßnahmen sind geeignet zur Bekämpfung der Arbeitslosigkeit? 2 richtige Antworten

a) Erhöhung der Lohnnebenkosten.
b) Erhöhung der Löhne und Gehälter, um das Arbeiten attraktiver zu machen.
c) Abbau von Überstunden.
d) Erhöhung der beruflichen Mobilität von Arbeitssuchenden.

Frage 11: Welche Maßnahmen einer Regierung wären zur Belebung der Konjunktur geeignet? 2 richtige Antworten

a) Verstärkte Investitionen in die Infrastruktur, z. B. durch Bau einer neuen Autobahn.
b) Erhöhung der Umsatzsteuer.
c) Senkung der Umsatzsteuer.
d) Verminderung der Ausgaben der Kommunen.

Lösungen zu Fragenblock G

Frage 1: 1a, 2c, 3b, 4b, 5a

Frage 2: a, d

Frage 3 und 4:

Preis je t	Angebot in t	Nachfrage in t	Angebot gesamt	Nachfrage gesamt	Volumen in t
35 €	0 t	70 t	0	330	0
40 €	40 t	60 t	40	260	40
45 €	50 t	50 t	90	200	90
50 €	**60 t**	**80 t**	**150**	**150**	**150**
55 €	80 t	70 t	230	70	70
60 €	100 t	0 t	330	0	0

Der Gleichgewichtspreis pro t beträgt **50,00 €.** Es werden **150 t** umgeschlagen.

Frage 5: 1d, 2a, 3b, 4e, 5c

Frage 6: 1a, 2b, 3b, 4a, 5a

Frage 7: a, d

Frage 8: c

Frage 9: d

Frage 10: c, d

Frage 11: a, c

H. Grundzüge der Wirtschaftspolitik in der sozialen Marktwirtschaft

Frage 1: Welcher Wert gibt den Gesamtwert aller Güter (Waren und Dienstleistungen) an, die innerhalb eines Jahres innerhalb der Landesgrenzen einer Volkswirtschaft hergestellt wurden? 1 richtige Antwort

a) Bruttonationaleinkommen
b) Bruttoinlandsprodukt
c) Nettoinlandsprodukt
d) Volkseinkommen

Frage 2: Welche Aussagen zum Bruttoinlandsprodukt (BIP) sind richtig? 2 richtige Antworten

a) Das nominale BIP sinkt bei Inflation und daraus folgenden steigenden Marktpreisen.
b) Beim nominalen BIP werden die Positionen zu den aktuellen Marktpreisen ausgewiesen.
c) Beim realen BIP werden die Positionen zu den Preisen eines Basisjahres ausgewiesen.
d) Die Veränderungsrate des nominalen BIP dient als Messgröße für das Wirtschaftswachstum der Volkswirtschaften.

Frage 3: Welche Ziele gehören zum Stabilitäts- und Wachstumsgesetz von 1967 (magischen Viereck)? Welche 2 Ziele sind später noch hinzugekommen?

Frage 4: Welche Aussagen zum Magischen Viereck sind richtig? 2 richtige Antworten

a) Beim Magischen Viereck sind alle Ziele gleichzeitig zu erreichen.
b) Beim Magischen Viereck sind Kompromisse zwischen den Zielen nötig.
c) Der Zusammenhang von Wirtschaftswachstum und Vollbeschäftigung wird als Zielkonflikt bezeichnet.
d) Stabile Preise und Wirtschaftswachstum stehen in einem Zielkonflikt.

Frage 5: Ordnen Sie die Kurzbeschreibungen entsprechend zu.

1. Die Wirtschaftsleistung (BIP) geht zurück. Die Hochkonjunktur schwächt sich ab. 2. Minderung der Kaufkraft des Geldes. 3. Signifikanter und anhaltender Rückgang des Preisniveaus für Waren und Dienstleistungen. 4. Gleichzeitiges Auftreten von wirtschaftlicher Stagnation und Inflation in einer Volkswirtschaft.	a) Deflation b) Expansion c) Rezession d) Hochkonjunktur e) Inflation f) Stagflation

Frage 6: Wie wird der höchste Punkt eines Konjunkturverlaufes genannt? 1 richtige Antwort

a) Boom
b) Expansion
c) Rezession
d) Depression

Frage 7: Ordnen Sie die Konjunkturindikatoren entsprechend zu.

1. Industrieproduktion 2. Insolvenzen 3. Einkaufsmanagerindex 4. Aktienindex 5. Bruttoinlandsprodukt	a) Frühindikator b) Präsenzindikator c) Spätindikator

Frage 8: Welche Aufgaben hat die Europäische Zentralbank?

1. Sie überwacht die Geldwertstabilität. 2. Sie legt die Geldmenge fest. 3. Sie verwaltet die Währungsreserven der Eurozone. 4. Sie unterstützt die Einführung von Mindestlöhnen zur Existenzsicherung in der EU.	a) Richtig b) Falsch

Frage 9: Welche Auswirkung hat die Verringerung der Geldmenge durch die Europäische Zentralbank? 1 richtige Antwort

a) Erhöhung der Liquidität der Kreditinstitute
b) Steigerung der Nachfrage
c) Anregung zu verstärkten Investitionen
d) Stabilisierung des Preisniveaus

Frage 10: Die Europäische Zentralbank senkt die Zinsen. Was will sie damit erreichen? 1 richtige Antwort

a) Investitionen erschweren.
b) Die Konjunktur bremsen.
c) Die Konjunktur ankurbeln.
d) Kredite verteuern.

Frage 11: Ordnen Sie die Maßnahmen der Geldpolitik der EZB entsprechend zu.

1. Senkung der Zinsen für Offenmarktgeschäfte. 2. Erhöhung der Mindestreservesätze für Banken. 3. Senkung der Refinanzierungsvolumen im Tenderverfahren. 4. Senkung der Zinsen für Einlagefazilitäten. 5. Erhöhung der Zinsen für Offenmarktgeschäfte.	a) Expansive Geldpolitik b) Restriktive Geldpolitik

Lösungen zu Fragenblock H

Frage 1: b

Frage 2: b, c

Frage 3: Zum Stabilitäts- und Wachstumsgesetz von 1967 gehören:
✓ Wirtschaftliches Wachstum
✓ Vollbeschäftigung
✓ Preisniveaustabilität
✓ Außenwirtschaftliches Gleichgewicht

Hinzugekommen sind später noch:
✓ Gerechte Einkommensverteilung
✓ Umweltschutz

Frage 4: b, d

Frage 5: 1c, 2e, 3a, 4f

Frage 6: a

Frage 7: 1b, 2c, 3a, 4a, 5b

Frage 8: 1a, 2a, 3a, 4b

Frage 9: d

Frage 10: c

Frage 11: 1a, 2b, 3b, 4a, 5b

✂ ✂ ✂ Lösungsblatt / Vordruck ✂ ✂ ✂

Hier können Sie die Lösungen zu den Aufgaben eintragen
(Download dieses Vordrucks unter top-pruefung.de/vordruck-1.pdf)

Test	**Test**	**Test**	**Test**
1.	**1.**	**1.**	**1.**
2.	**2.**	**2.**	**2.**
3.	**3.**	**3.**	**3.**
4.	**4.**	**4.**	**4.**
5.	**5.**	**5.**	**5.**
6.	**6.**	**6.**	**6.**
7.	**7.**	**7.**	**7.**
8.	**8.**	**8.**	**8.**
9.	**9.**	**9.**	**9.**
10.	**10.**	**10.**	**10.**
11.	**11.**	**11.**	**11.**
12.	**12.**	**12.**	**12.**
13.	**13.**	**13.**	**13.**
14.	**14.**	**14.**	**14.**
15.	**15.**	**15.**	**15.**

Ein Wort zum Schluss

Glückwunsch, Sie haben vielleicht schon den einen oder anderen Aufgabenblock bearbeitet.

Ziel dieses Buches ist es, eine gute Prüfungsvorbereitung zu einem günstigen Preis zu entwickeln.

Wenn Ihnen unser Buch weitergeholfen hat, dann empfehlen Sie es bitte weiter, gerne auch in Form einer positiven Rezension bei Amazon. Wenn nicht, sagen Sie es nur mir ☺.

Claus G. Ehlert . Autor